辰经纶，男，四十七岁，睿智而博学。

对学生提出的问题总是不厌其烦，耐心讲解。

善于传道授业解惑也。

但在经过别人一番解释后，总能豁然开朗。
经常被各种问题困扰，而且自己百思不得其解，
自困惑，女，二十六岁，硕士二年级。

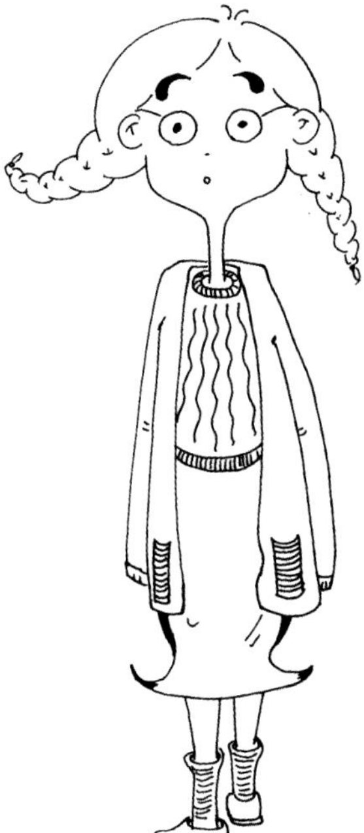

周机灵，男，二十七岁，长相帅气，
平常不爱说话，但在学术讨论时见解独到，
悟性很高。

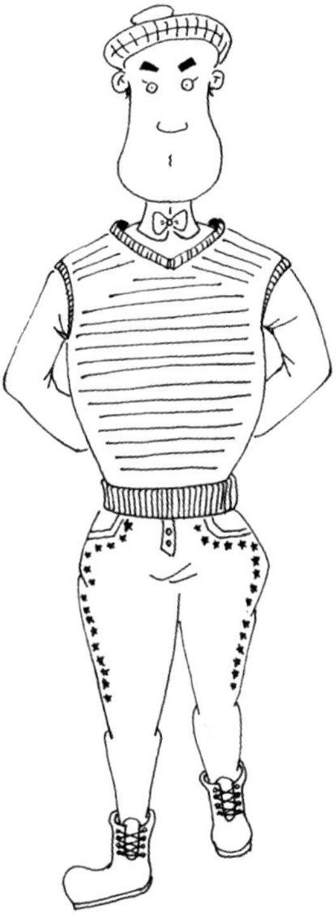

不嫌事大！

冯热闹，二十七岁，品味奇特，总是看热闹

峪中对

管理机制对话录

陈安　白瑞珍　著

道出管理机制设计理论对社会案例和事件的研判和分析
道出管理机制设计的六类基本目标：
公正、公平、创新、效率、秩序和利益

中国经济出版社
CHINA ECONOMIC PUBLISHING HOUSE
北　京

图书在版编目（CIP）数据

峪中对：管理机制对话录/陈安，白瑞珍著.
北京：中国经济出版社，2018.4
ISBN 978－7－5136－4993－3

Ⅰ.①峪… Ⅱ.①陈… ②白… Ⅲ.①管理学—研究 Ⅳ.①C93

中国版本图书馆 CIP 数据核字（2017）第 277965 号

策划编辑 伏建全
责任编辑 孙晓霞
文字编辑 赵立颖
插画设计 邱　阳
责任印制 马小宾
封面设计 任燕飞设计工作室

出版发行 中国经济出版社
印 刷 者 北京科信印刷有限公司
经 销 者 各地新华书店
开　　本 880mm×1230mm　1/32
印　　张 7.25
字　　数 150 千字
版　　次 2018 年 4 月第 1 版
印　　次 2018 年 4 月第 1 次
定　　价 38.00 元
广告经营许可证 京西工商广字第 8179 号

中国经济出版社 网址 www.economyph.com 社址 北京市西城区百万庄北街 3 号 邮编 100037
本版图书如存在印装质量问题，请与本社发行中心联系调换（联系电话：010－68330607）

前言
PREFACE

机制一词最初属于工程学术范畴，起源于希腊文 mechane，对应于英文 mechanism，后来逐渐发展到其他学科领域。国外学者对机制设计理论的研究可以溯源到 20 世纪 20 年代至 40 年代之间西方学界关于计划与市场的大论战。经济领域的机制设计问题的研究一般被归入博弈论或制度经济学等领域。赫尔威茨于 1960 年首次提出机制设计理论，即在信息不完全、自由选择分散化的背景下，可以对于任意一个经济主体或社会目标设计出一种有效的经济机制，使得参与经济活动的个体和机制设计的主体目标一致。以梯若尔和马斯金为代表的“机制设计学派”在《不可预见的偶然性与不完全契约》一文中提出了“可能定理”，运用机制设计理论的最新成果证明不可预见的偶然性所造成的契约的不完全性并不构成资源配置无效率的本质障碍，在当事人的效用函数不是非常限制性的情形下，可以设计出一个激励相容的机制，最终实现帕累托有效的配置。

在可以“自由选择”和“自愿交换”的经济学领域，人为设计出一套机制以达预期目的已被证明是可行的。那么，在带有一定“强制性”的管理学领域，是否可以人为设计出一套管理机制来实现管理者的目标呢？答案是肯定的。我和我的科研团队已经提出了一套完整的管理机制设计理论，并撰写了相当数量的论文和专著，以期推动管理机制设计理论和方法帮助不同领域的各级管理者实现其管理目标。

毋庸置疑，作为一门科学，管理学有其方正严谨、晦涩艰深的一面，管理科学学习要求相关研究人员和从业人员具备相当的专业知识和必备素养。但“管理”的朴素思想又切实地存在于每个人的日常生活中，大到社会发展，小到居家买菜，其实都离不开“管理”二字。在完成《管理机制设计理论及其应用》这本专著之后，我开始进一步思考如何让更多的读者了解管理机制设计理论和方法，如何使得普通大众在人的心理因素和行为驱动之外添加一些管理的理性思维，如何帮助刚接触这门学科的莘莘学子初窥管理科学门径并领略其魅力。久而久之，这件事就成为了萦绕在我脑海中的一份“执念”，也是我们作为科技工作者、从事管理机制设计的研究人员的一份社会责任。

待到丙申猴年京城第一场瑞雪，几个学生随我在怀柔神堂峪参会。闲暇之余，几位性格迥异但都是好学上进、求知若渴的学生向我请教管理机制设计理论的一些知识，我便利用这套理论的概念、方法和思路对一些典型有趣的案例和故事进行剖析，为学生授业解惑。彼时云雪初霁，天地清明，无丝竹之乱耳却有茶香沁鼻，无案牍之劳形却有思维火花碰撞，师生几人谈古论今，挥斥方遒，讨论到忘记吃饭，几位学生却颇有醍醐灌顶、大快朵颐之感，直呼对管理机制设计理论中的诸多概念和思想有了更加深刻地理解。我事后思忖，何不将此次师生对话记录下来，编纂成书以飨读者大众？于是几经修改定稿，便有了这本管理机制对话录，并定名《峪中对》以兹纪念神堂峪中师生传道。

《峪中对》是第一本以对话形式，利用管理机制设计理论对社会案例和事件进行研判和分析的著作。我们期待这本书可以推动管理机制设计理论进一步发展和普及，让更多的人认识了解管理机制设计理论的六类基本目标，即：公正、公平、创新、效率、秩序和利益；以及七个完整的机制基本元组，即：作为参与者的主体（一）、客体（二）和介质（三），作为规制的时间（四）、空间（五）和能量（六，具体表现为动力与约束），加上六个组分间的关系（七）的定义或设计。

全书共六章，借古往今来的中外案例、故事和时下热点议题生动有趣地阐述了管理机制设计的基本概念、原理及其应用。

第一章：闻所闻来去而去。本章选取考博状元落榜、研究生工资机制、和尚分粥、便利贴的发明、共享单车兴起、航班延误、“一带一路”等案例详细介绍了管理机制的六类目标：公正、公平、创新、效率、秩序、利益，分析了这些目标间的差异和特征，并讨论了管理的多目标选择中存在的问题。

第二章：但见群智苦博弈。本章选取悉尼歌剧院建造设计、美国三权分立制度、美国安然事件、国美控制权之争、研究生培养、马桶设计、新闻媒体、企业组织结构等案例介绍了机制的参与者的主体、客体及介质。阐述了参与者的特点、影响因素以及互相作用的基本模式。

第三章：且看深情归何处。本章选取学生就业选择、卫出公正名、皇权传承、管宁割席、凤姐治丧、赫洛克效应等案例故事对关系设计中涉及到的职位、责任、权利、利益和情感进行了解读。介绍了关系的概念和类型、关系在管理机制设计中的作用、影响因素，以及通过改变关系来进行机制设计的模式。

第四章：时光荏苒胜白驹。本章选取弹性工作制、会议日程安排、里程碑管理方法、医院挂号、驾校餐厅经营、银行贷款、医院护理、企业绩效考核周期等案例故事介绍了时间规制中时间点、时间长度、时间周期的基本特点、设计模式、设计流程，并介绍了时间规制设计的应用。

第五章：大漠长河入一室。本章选取渑池之会、永久中立国瑞士、建筑工程超面积问题、“胡焕庸线”、拉斯维加斯兴起、古代科举等案例故事介绍了空间规制中的缓冲区、超面积问题、打破区域界限和操控空间大小的问题。

第六章：寂寞深秋梧桐雨。本章选取马斯洛理论、德西效应、破窗效应、饥饿营销、共享经济等案例故事讲解了机制设计中动力和约束规制的内涵、类型、内在规律、设计模式和设计方法。

以对话体的方式来撰写《峪中对》，利用生动的案例和故事使之成为一本可读性更强的著作，本身就是一次创新性尝试，我们衷心希望这本书的出版可以对管理机制设计理论的教育推广裨补阙漏，对广大管理者在应用管理机制设计理论的学习过程有所广益。本书初由我和白瑞珍设计与规划后，陈晶睿、房亚楠、冯佳昊、岳倩霞、张之革、李雪娇以及江苏大学的刘文婧参与了本书部分内容的撰写、修改和审阅工作。并邀请河南理工大学的邱阳完成了插图设计，我和小白对本书进行了最后的校正和审阅。

限于作者的水平，书中疏漏及错误在所难免，恳请读者批评指正。

目录
CONTENTS

第一章

闻所闻来去而去

管理目标篇

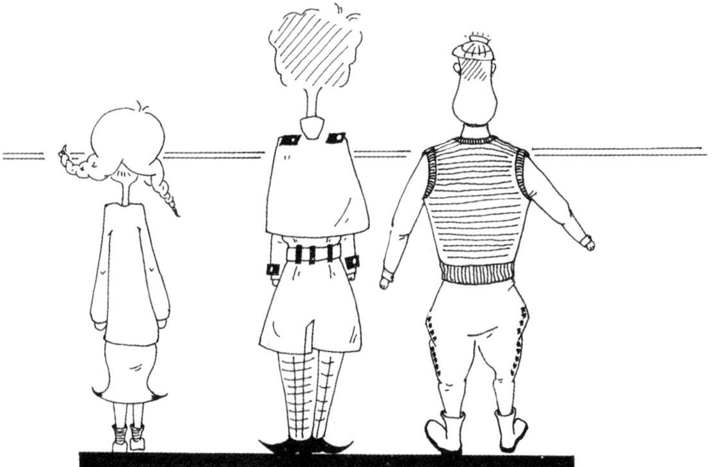

“请你告诉我，我该走哪条路?”爱丽丝问道。

“那要看你想去哪里?”猫说。

“去哪儿无所谓。”爱丽丝说。

“那么走哪条路也就无所谓了。”猫说。

——摘自路易斯·卡罗尔的《爱丽丝漫游仙境》

目标的确定是管理机制设计的第一步，所有的管理机制设计都是围绕实现目标进行的。

机制的目标可以归结到6个元目标：公正、公平、秩序、利益、效率和创新。

莫使浮云翳白日：公正

辰经纶：管理机制设计的第一环节是目标的确定。今天我们先来讨论“公正”这一管理目标吧。

白困惑：公正廉明包青天，断而无私。大致就是说，包公执法光明正大，不徇私舞弊，这就是公正的基本内涵吧？

周机灵：亚里士多德说过，公正是赏罚公明者的美德。

辰经纶：说到公正，一般都与“公正廉洁”“清廉公正”，还有“赏罚分明”这些词联系在一起，在我国古代历史上，唐有狄公狄仁杰和徐有功，宋有包公包拯和寇准，明有海公海瑞和况钟，清有施公施世纶和于成龙，都被后世当作“公正的代言人”而称颂，这也形成了我们对公正的直观理解。也正因如此，在我们的认知里，法官是公正的守门人。

周机灵：对，司法公正对社会公正具有重要的引领作用，司法不公对社会公正具有致命的破坏作用。

冯热闹：司法公正的重要性自不必说……英国哲学家培根说过，一次不公正的审判，其恶果甚至超过十次犯罪，因为犯罪只是冒犯法律——好比污染了水流，而不公正的审判则是毁坏了法律——好比污染了水源。

周机灵：就我个人而言，司法公正似乎离得有一点远，但身边涉及公正本身的事却也不少见。

白困惑：公正的事？不少见吗？我们平常也会讨论发生在身边的各种事情，但“公正”这个词在我们的交流中出现的频率并不高，不过“公平”倒是使用频率挺高的。

冯热闹：小白，孤陋寡闻了吧，是不是平常都聊娱乐八卦了。

白困惑：没有啊，别闹，我们正在开会讨论“公正”呢。

周机灵：前些年就有一事，在网上炒得特别热，是关于一学生考博落选的。

辰经纶：这事儿你们也知道啦，那就都说说吧，小周先讲讲这件事的具体情况。

周机灵：事情是这样的，河海大学法学系的一个老师叫甘德怀，报考了北京大学法学院院长朱苏力老师的博士生，当时北大法学院的博士生录取要参加统一考试。2011 年 3 月，甘德怀参加了法学院法理学专业社会学方向的入学考试，初试成绩第一。但是一个月后他的复试没有通过，他报考的导师朱苏力最后录取了初试成绩第二、第三名的两位学生，甘德怀最终没能考上。

冯热闹：考第一名都落选了，呃……有意思。这甘德怀肯定心有不满吧？

白困惑：这样的事情也不算稀有，我有个朋友公务员考试考了第一名，最后也是面试被刷了，关键还得看里面的具体门道。

周机灵：落选以后，甘德怀觉得不公，与北大校方和朱苏力交涉了两个多月，但还是没有得到他期望的结果。所以他就写了一篇《我的北大考博经历》文章，并且发到了“新语丝”网站上（以学术打假著称），引起了很多人的关注。

白困惑：那他在文章里写这件事的来龙去脉了吗？

周机灵：自然写了，他在那篇文章中提到，当时过初试线的考生只有他自己，排名第一，其他两位考生的成绩分别排名第二、第三。按照北大招生的规定，后两名考生没有资格参加复试，但是法学院当时实行了“差额复试”，就让这两名考生也参加了复试。在复试过程中，北京大学法学院设置的复试评议组是由三位老师组成，朱苏力、周旺生和强世功。面试时间大约是100分钟，巧合的是，强世功老师迟到了20分钟。

辰经纶：重点来了，大家认真听，深入思考，小周继续……

周机灵：甘德怀说他是第一个面试，这位强老师刚好没赶上。还有一点，在复试过程中，考生的复试情况都是由朱苏力做简要记录的。甘德怀写了《我的北大考博经历》之后，网上随即出现了很多相关文章指责北大“扭曲规则”“暗箱操作”，等等，这些指责引起了人们对事件的兴趣和对真相的追求。

白困惑：可是，这怎么就不公正了呢？

辰经纶：不明白？其实，这里面涉及好几个方面的问题值得商榷。首先，差额复试这样的制度是否公正？其次，强世功老师的缺席是否合规？最后，复试记录由朱苏力老师完成是否合理？我们首先来看第一个问题，不知道大家知不知道北大其他学院的复试运用哪种方式？

白困惑：据我所知，北大有其他的学院复试是实行等额复试，而不是差额复试。

辰经纶：是这样，而且法学院其他专业也是实行等额复试。我们这样想，假设法学院甘德怀报考的专业也是等额复试，那甘德怀作为唯一一个达到复试线资格的考生，被录的机会就是百分百了。

周机灵：的确。那这样的话，我们就不得不思考法学院为什么采用差额复试？甚至会怀疑是不是一开始就是为了把甘德怀刷下去？

辰经纶：小周反应挺快，具体背后的原因我们不得而知，这也不是我们讨论的重点。但是从这件事我们可以看出制度或者政策本身是有公正与非公正之分的，而且对结果有着极大的影响。

白困惑：我明白了。那强世功老师的缺席这一点呢？我知道这可能会影响面试成绩，但这怎么就体现不公正了呢？

辰经纶：面试有三个老师参与评议，这对所有同学都是一视同仁的。大家想想，如果按照正常流程执行，是不是存在这样一种情况，强世功老师的提问正好甘德怀同学回答得比较好，在这种情况下三位老师给的成绩是不是都会高一些呢，这样最后被录取的机会也会增大。

周机灵：但是由于强世功老师没按正常程序参与，这就成为甘德怀没被录取的另一影响因素。

辰经纶：正是这样。即使强世功老师参与了，我们假设的情况也不一定会发生，甚至可能甘德怀的成绩会更差，但"参与"至少保证了程序上的公正。

白困惑：哦哦，我明白了。

辰经纶：明白了就好。那你来分析分析第三个方面的问题？

白困惑：复试记录的作用是为了在最后评估时有一个较为公正的证据得以参考，按照规定，应由专门的秘书来完成。在"甘德怀事件"中，让作为评议老师之一的朱苏力老师完成，记录偏颇的可能性加大。这也属于程序不公正吧，没有按规定或大家信服的操作执行。

辰经纶：小白说到了一个关键点，"规定或大家信服"，这句话里面的含义大家可知道？

周机灵：一般来说，规定也都是按照大多数人普遍认同而制定的。

辰经纶：没错。公正，它是法律上的正确。而法律本身就是被最大数量最普遍的人所认同的道德与秩序。而道德与秩序上升为法律规则后，它的每个结果都要符合明确、公开的法律条规，同时又不能偏离原本道德与秩序的方向。

周机灵：可是在实践中，很多时候都不会上升到法律这个层面，包括"甘德怀事件"中等额复试还是差额复试究竟哪个更公正这一选择困境？

辰经纶：而在管理中，类似规则不公正的情况比比皆是，其他还涉及利益分配不公正、用人不公正等。我们提出的管理机制设计理论，追求的一个目标就是公正。“公正”作为机制设计理论的六个元目标之一，是因为有些机制的运行本身就以公正为目标。另外，一些机制体制的运行需要对参与者的自身特点、相关物及行为进行评判，做出各方均认为不偏不倚的决定，这也需要公正。当然公正作为管理机制的目标，既能够作为一种评价标准，也能反映管理机制中决策过程和价值分配的状态。但是，对于公正来说，无法通过定量的方法进行评价，只能通过参与者对管理机制的评价进行定性的评价，因此对于公正的评价往往也会带有一定的主观性。判断一个管理机制是否公正，也会受到社会价值观念、文化背景等方面因素的影响，会随着时间、地点的不同而有所变化，也往往很难有完全统一的看法。

周机灵：老师，通过您的讲解，我从甘德怀考博这一简单的事件学到了像公正为什么作为机制设计中的六大目标之一的专业知识，也让我明白了一个道理，看待一个事件不能一直停留在表面，要由表及里，通过现象看本质。

辰经纶：很好，但是公正呢，在很多情况下执行起来很难。不知道你们有没有看过哈佛大学的一堂公开课，名叫“公正——该如何做是好”？

周机灵：我看过两集。

辰经纶：看过的重新看一遍，没看过的去看一下，这就算是今天给大家的思考题。相信通过我们今天的讨论，大家对公正有了一定的理解，那么看看对你们听到课程里举的那些残忍的“谋杀”情景，如果是你，你会怎么做？怎么做才能保证公正？

冯热闹：“谋杀”？我已经迫不及待要去看了。

白困惑：好的，今天谢谢老师了。

请保持你的姿势：公平

场景一：食堂

研究生收入机制如何设置才能保证公平？

白困惑、周机灵和冯热闹三个硕士研究生一起去食堂吃饭。像往常一样，他们在吃饭时会闲聊几句，内容也总是与他们的切身利益或生活现状相关。这天，他们聊到了硕士生收入机制的问题，给白困惑同学心中留下了莫大的疑虑。

白困惑：你们知道吗？现在的培训班好贵呀。我最近报了个英语培训班，还是按揭付的，光首付就×××，每个月还得还×××的贷款，还贷得持续两年呢。

周机灵：哦！我的天呀！你的意思是一次性付款的话得好几万呢。

白困惑：可不是，问题是就我们现在这点收入，还完贷款我就得吃土了呀，又不想向家里开口。哎哎哎，怎么办嘞，你俩赶紧给我想想办法呗。

冯热闹：说起来，老师一个月都给你们多少补贴呀？能说不？

白困惑：每个月都不固定的，是按绩效发的。

周机灵：额？有的同学所在组是固定的，一个月3000。

冯热闹：也有一个月只有2600的哎……

白困惑：我们虽然不固定，但一般都不会超过3000的。

周机灵：哈哈，看你们每天都好忙，办各种会议，申请课题什么的，还以为你们赚的要多很多呢。

冯热闹：别光看他们的工作看起来很忙，但其实我们的辛苦程度可不比他们低的。而且我们一个月不到2500，比你们低不少呢，别看区区几百块钱，对我们学生来说真是差不少呢，哎……

白困惑：这样想想，我们当年都是一起考进来的，但赚的都不一样，越想越觉得不太公平呢？

周机灵：说到公平，我曾经听说过一个很有哲理的故事，是关于寺庙里七个和尚分粥的故事。

场景二（虚拟）：寺庙

七个和尚如何分粥才能体现公平？

寺庙中居住着七个和尚，分别是柳大壮、罗二汉、李三林、虚四、花五、沙六、唐小七。他们每天需要分食一大桶粥，可是僧多粥少，为了用非暴力的方式解决分粥的问题，七个和尚各抒己见，纷纷献策，开始了激烈的讨论……

柳大壮：我们中间，我最年长，那我就先说两句吧。大家都知道，这3L容量的一桶粥，是我们七个人一天中所仅有的可以充饥的饭食。以我们的食量，这显然是不足以保证我们每个人都能吃饱的；但如果分配合理的话，还是可以做到每个人基本能吃饱，因此谁也不能争抢。

沙　六：原则上是这样，大家也都同意，不过光靠自觉让每个人少打点粥是有些不太现实的。

虚　四：那是自然，到时候肯定多的多，少的少，导致大家心里都不平衡，久而久之，非闹起来不可。

柳大壮：正是这个理，所以现在我们不妨商量一个办法来尽可能实现公平分粥吧，大家可以畅所欲言……

唐小七：依我看，不如我们请方丈指定一个人来专门负责分粥的事宜吧。

李三林：这样恐怕每天只有分粥的人能享用又稠又多的粥，我们其他人就别想吃饱了，吃个差不多怕是都难。

罗二汉：就是，要是俺每天饿得前胸贴后背的，俺可受不了啊。

花　五：我们得想个周全的法子才行。

罗二汉：你说，咋整？

花　五：我想着，要不我们七个人轮流分粥吧，每天轮一个。

沙　六：这样也有问题，恐怕到时候每个人都只有自己掌勺那天能吃饱，其余六天都得肚皮打鼓，我看我们还是推选一位道德高尚者来分粥吧。

虚　四：道德高尚？能有多高尚，一天两天还是三天，他能做到公平，要是时间久了呢？难道看着粥摆在自己面前，他就能忍住不给自己多盛点儿？

柳大壮：还有更糟糕的情况，要是我们当中有人刻意讨好甚至贿赂他，又有几个人能经得住软磨硬泡的溜须拍马呢，最后还是给自己和讨好他的人多分。

唐小七：对啊，而且这样不只是分粥的问题，私下搞各种讨好贿赂的小动作，还会搞得我们寺庙乌烟瘴气。

罗二汉：这也不行，那也不行，那你说，你有啥好办法？

唐小七：呃，我也不知道……

李三林：我有一个办法，我们七个人可以分别组成三人的分粥委员会和四人的监督委员会。如果分粥中有多分或少分的现象，监督委员会可以提出抗议，重新分。

柳大壮：那要是监督的人认为多分了，而分粥的人觉得差不多，没多分，这样争来争去恐怕等分完粥，粥早就凉了。

花　五：是这样，其实我认为我们还是每人轮流分粥吧，只不过刻意在挑粥顺序上稍作调整，让分粥的人在其他人挑完后喝最后剩下的一碗。

李三林：好办法呀！如果七碗粥分量不一样，分粥的人享用的最后一碗必然是最少的那碗，为了避免这种情况，每个分粥的人恐怕都会尽可能地做到像科学仪器量过的一样等量分配。

柳大壮：那就按三林和花五说的执行吧。

场景三：会议室

何谓公平？

辰经纶和学生们在预定的会议室准备开例会，每次例会都是老师传道授业并为同学们解惑的机会。这一周的例会，就“何谓公平”的问题让大家发言，这让白困惑同学对打消脑海里存留的关于“研究生报酬机制如何设置才能保证公平”这一疑虑充满了期待，似乎终要拨开乌云看得真理之月明一般。她精神抖擞，就怕一不留神跟不上大家的思维。

辰经纶：马上到暑假了，有几个外校来的同学会加入到我们接下来的工作中，但有一个麻烦的事啊，关于他们报酬的问题，大家看要不要在绩效工资基础上额外给他们一部分饭补呢？

白困惑：啊？为什么会这么想呢？

周机灵：这还不明白，他们不像我们有单位给的基本补贴啊。如果仅仅依靠绩效工资的话，在北京这种黄金地段，可能连伙食费都不够的呀。虽说他们来主要是学习和工作的，也不指望赚多少钱，但毕竟都研究生了，也不好意思还管家里要生活费啊。

辰经纶：但是给也为难呢……

白困惑：为难？

周机灵：哈哈，这样想的话，我们都是一起工作的，那是不是这段时间我们也有饭补呢？要给都得给啊！

冯热闹：我其实，给当然好，不给我也行。哈哈……

周机灵：不过我还没听说过研究生工作还有导师专门给饭补的，而且就算他们不来，我们也是要吃饭的呀。

冯热闹：这倒是，不能因为其他原因就在一个团队有区别对待，还是要公平。

白困惑：嗯，我同意。就像那个和尚分粥的故事一样，虽然他们一开始不知道该如何做到公平，但在整个过程中也没有考虑过谁更瘦，谁还在长身体就给谁多分一点，是吧。最主要的是，我觉得有一点他们心知肚明，那就是如何判断公平，其实就是看七碗粥的分量是否一样嘛。

辰经纶：大家讨论得这么激烈，看来对公平的问题饶有兴趣。那什么是公平呢？大家再说说看，无须拘束，各抒己见，我看白困惑很有感触，你就先说说看吧。

白困惑：之前我纠结一个问题，明明是一起读的研，但大家赚的都不一样，有的还差不少是不公平的。现在想想，其实所里给我们每位硕士生都是一样的，至于导师给自己学生的部分，每个组情况不一样，可以设置不同的机制，但对一个组内的学生之间是同一个标准的。所以，我觉得要做到公平，必须采取统一的标准。

周机灵：我觉得公平就是要一视同仁。就像老师给每位同学都提供出国交流的机会一样，机会是平等的，为什么偏偏针对补贴这件事要不公平呢？

冯热闹：去欧美的前提是要发 SCI，所以也还是要看贡献的。

周机灵：我认为公平还有一点就是平均分配。就像白困惑提到的七个和尚分粥的制度一样，最终一桶粥被平均分成七碗，就算是平均分配了。大家都听说过《旧约·列王记上》关于分孩子的故事吧，如果公平就是平均分配的话，孩子就被劈成两半了，所罗门的智慧岂不是要贻笑大方了？

冯热闹：分孩子的故事？讲的什么呀，怎么孩子还被劈成两半？

周机灵：没听说过吗？故事讲的是在很久以前，有一位国王，名叫所罗门。在他的国家里，有两位妇女，她们住在同一间房子里，各有一个婴儿。一天夜里，其中一位母亲居然把自己的孩子压死了。可能是因为痛苦和嫉妒，这位母亲居然抱走了另一位妇女的小孩，把他放在自己的床上，将自己已离世的孩子放到那位妇女床上。第二天早上，那名妇人发现了可怜的死婴，但很快就发觉这不是自己的儿子，她们发生了争吵。“不，这是我的孩子！这个死的是你的！”她们都争着要这个活着的孩子，于是她们去见所罗门国王。两个妇女都坚称自己是孩子的母亲，双方僵持不下。所罗门看这情形，思索半刻，突然下令，“给我拿把刀来，把这个孩子切成两半，每人一半”，并说这是一个公平的解决方案。然后，其中一个妇人同意这个分法，认为所罗门王英明，而另一位母亲则哭喊道：“哦，陛下，把我的孩子给她吧。请不要杀了我的孩子！我不要孩子了。整个孩子归她吧。”于是，所罗门指着流泪的妇女说：“把孩子给她，她是真正的母亲。”

辰经纶：说得都言之有理。首先，不少同学刚才在讨论中都提到了一个很关键的概念“平等”，或明示或暗隐。事实上，平等既是公平的前提，也是公平的结果。人类之所以重视公平问题，目的就是实现其平等的基本权利；反之，公平的实现也必须以人的平等的基本权利为准则。说到这里，可能有同学对公平和平等又分不清了吧，小周，就你最机灵了，你说说看？

周机灵：平等是衡量公平与否的标准，被评价的对象是否公平主要看其在多大程度上实现了平等以及实现了哪一种平等。

辰经纶：对了，白困惑，你刚刚提到研究生报酬机制是怎么保证公平的，现在是不是很清楚了？

白困惑：是，采用每月固定的报酬是因为导师在分配任务时就会权衡任务量，这是基于目前研究生的实情：对大部分研究生来说，他们主要的时间和精力是用来跟着导师学习并按期完成导师给的任务的，所以可以认为研究生之间任务量是一致的，报酬保持一致就是公平、合理的；而采用绩效制则体现了学生在跟导师学习和完成任务的过程中实际可用时间等的影响，如在某月，有的同学可能生病住院了大半个月，有的同学出国参加了一个交流项目，种种因素导致同组不同人之间的贡献不一样。在两种不同的情况下，采取不同的机制都可认为是公平的。所以，我觉得公平是相对的，也是有条件的，在追求公平时既与人的价值观有关，也与具体的环境背景因素相关。

辰经纶：很好，你还能意识到公平是相对的、有条件的，不存在绝对意义上的公平，例如工资按“劳”还是“需”或者“贡献”分配是需要具体问题具体对待的。但是像研究生报酬这样的问题设置了公平合理的机制就能保证合理的结果吗？有谁听说过“海盗分金币”的故事？

周机灵：听说过，5 个海盗分 100 个金币最后的分法是：（97，0，1，2，0）或（97，0，1，0，2）。在公平的规则下，最多的人得到了 97 块金币，最少的居然是 0，而且是两个人。可见，即使是公平的规则也会有不公平的结果。

辰经纶：看来小周同学果然是人如其名。这正是我要强调的，公平的规则也可能导致不公平的结果。所以，根据阶段不同，公平常常被分为起点公平、过程公平和结果公平。

冯热闹：那像“七个和尚分粥”的故事最终实现的是结果公平喽。除了结果公平，起点公平也是实现了的，故事中在商量分粥机制时有一个潜在前提：每个和尚都有从一整桶粥中分粥喝的权利，正因如此，不管哪种办法，最终的结果都是七碗粥，而不是六碗或更少。

周机灵：这样说起来，过程公平也是有体现的。轮流分粥嘛，说明每个人都被平等地认为可以当选为分粥的人的权利。

辰经纶：对，这样就比较全面了。那么，我们回到之前有同学疑惑的平均与公平的问题上。虽然周机灵同学举的“所罗门智分孩子”的故事已经非常贴切形象了，但我在这里再补充一点，分粥事例的结果中“平均分配”只是公平的其中一种具体表现，但公平分配的结果并不都是“平均”的，事实上大多数情况都是后者。研究生报酬“按贡献分配”就明显“不平均”，但同样是公平的，公平在很多时候都强调“所得与贡献相匹配”。可见，公平不代表相同或平均，公平的分配不是指平均的分配，也不是指双方均满意的分配，而是合理的分配。

白困惑：嗯，明白了。

辰经纶：关于公平，还有什么疑虑吗？我们今天就借此机会一并讨论了吧。

冯热闹：记得有一位伦理学家威廉－弗兰克纳曾提出过一种观点，他认为公正分配的首要标准也是平等。那么公平和公正有区别吗？在英文中公平和公正是不是使用同一个词“Justice”？

辰经纶：这倒不是，公正是“Justice”，但公平应该是“Fairness”，二者显然是有差别的。在中国古代，公正和公平也是有细微差别的。《说文解字》中的理解是：“正，是也”，“公，平分也”。这里，显然是将公正（正）当成一种应当的价值取向，而将公平（公）视为一种“不偏不倚”的行为。

周机灵：《辞源》对于公正的解释是：“不偏私，正直”；对于正直的解释是："不偏不曲，端正刚直"；而对于公平的解释则很简洁："不偏袒"。

辰经纶：前些年，"金融大鳄"索罗斯在东南亚金融市场上的所作所为，就其个人行为来说，应当承认索罗斯本人遵循了证券市场"公平"的游戏规则。但是，无论是就其动机还是就其结果来看，索罗斯的这种做法都有悖于公正的要求。正是由于缺乏公正的基本价值取向，所以索罗斯是通过"公平"的游戏规则直接引发了东南亚的经济灾难，直接损害了社会公正。

白困惑：那是不是说，是公平的事情不见得是公正的事情，但凡是公正的事情必定是公平的事情？

辰经纶：是这样，因为公平是客观的，而公正则是一种"价值取向"。其实关于公平与公正的区别，罗尔斯著名的"公平的正义"的命题实际上也充分说明了。为了确立一种真正的，没有任何偏见的，不受任何群体利益左右的社会正义、社会公正的理念，罗尔斯设定了一种纯粹的、纯净的背景条件——"无知之幕"。罗尔斯指出，所谓无知之幕，是"假定各方不知道某些特殊事实。首先，没有人知道他在社会中的地位，他的阶级出身，他也不知道他的天生资质和自然能力的程度，不知道他的理智和力量等情形。其次，也没有人知道他的善的观念，他的合理生活计划的特殊性，甚至不知道他的心理特征……再次，我假定各方不知道这一社会的经济或政治状况，或者它能达到的文明程度和文化水平”。罗尔斯试图通过这种方式，建立一种公平的程序，以使任何被一致同意的原则都将是正义的。由此而产生的正义、公正的理念就是“公平的正义”。

距离已经消失：创新

距离已经消失，要么创新，要么死亡。

——托马斯·彼得斯

周机灵：老师，最近当您的助理，我突然发现做助理最离不开的就是便利贴了。您布置任务的要点、办公室重要事件提醒等等，用便利贴记录再方便不过了。任务完成后将它撕掉还不会有任何痕迹。在我看来，这真的算得上是伟大的创新产品了。

辰经纶：是啊，便利贴现在已经是办公必需品了，对使用者工作效率的提高是有极大的帮助。说到这儿，小周，顺便考你一下，你知道便利贴是哪年发明的吗？

冯热闹：啊，便利贴也属于发明的一种呀……

周机灵：还真没关注过。

辰经纶：便利贴诞生于1974年。不过，与一般创新产品的诞生过程有所不同，便利贴的发明十分偶然。最开始呢，3M公司里科学家的目标是研究出一种黏性很强的胶，但研究失败，得到的胶黏性远达不到预期，是一种弱胶。就在这个时候，公司的一位员工正因夹在诗集的书签总是滑落而烦恼，他想要制作一种可以重复粘贴、不会随意脱落的便条纸代替书签。于是科学家发明的弱胶被他涂在纸条的背面，这就是最早的“便利贴”。但便利贴刚发明出来的时候市场反应并不好。

周机灵：可现在便利贴算得上是家喻户晓的“明星产品”了，而且还带来一些市场的连锁反应。您知道吗，有一家SNS互动门户网站，是提供创新的、极具创意的互联网公共服务，这家网站的名字就叫“便利贴”。另外，便利贴这种随处贴随时撕的特性还衍生出台湾一个电视剧里“便利贴女孩”的角色，这个概念一度取代“灰姑娘”成为台湾最热门的词汇。

辰经纶：一个新产品的产生，必然会带来积极的影响。创新的利弊有时候也是需要时间来验证的。就像城市中设置的公共自行车，随着市民对它的接受，这样的公共服务也就慢慢体现出了它的价值，一方面便利了公众出行，另一方面也从某方面减轻了交通压力。

周机灵：老师，您觉得共享单车属于城市公共管理中的一种创新吗？

辰经纶：是的。创新一种管理模式，首先管理者要转变管理思想，保持思维活跃，敢于突破固有的模式。

周机灵：可是，老师，您觉得怎样才能培养这种思维，形成一个思维活跃的组织呢？

辰经纶：我带过一个博士，在她刚来到这里时，我对她的第一条要求就是抛掉以前固有的那种科研思维模式，逐渐形成更为发散的思维。你也参加过几次会议，其中有一个亮点环节为会议评述。在评述中，我们可以更深刻地理解演讲者做的研究，并且激发大家的思考，从多个方面看待这个研究，说不定还能从中找出新的创新点，发现新的研究内容。但是这项任务若要做得好，需要求评述人能涉猎同一科学领域的多个方面。会议上肯定会出现不同研究方向的文章。没有一定的知识支撑，又怎样做出精彩的评述，提出创新点，从而引发大家的思考呢？这时候就要求对这一领域融会贯通，不可能所有方面的东西你都精通，所以只能在我们已经学到的知识中，用发散思维，从你的角度来评述这个研究内容。我在对于研究生的培养上，不会要求她每天都要坐班，逼着一个人一直待在工作室。在这种强制的压力下，如果她又带一点抵触情绪的话，思维估计也不敢活跃了吧。我们团队的工作每次都是集中起来把任务做完。平时虽不要求每天坐班，但是在有任务的时候，要能立即集中起来完成任务。我的这种管理模式应该可以说是给了大家一种相对宽松的组织氛围。在更舒适的氛围中能把任务做完，为什么不这样做呢？

周机灵：是的是的，那这就是说组织的氛围其实也是成员形成创新思维方式的一种影响因素了？

辰经纶：谈到对个人的创新思维培养与激发，不得不提起现在各个期刊收录文章的标准：权威期刊专家在审稿的时候往往都偏于保守，那种按部就班的研究内容往往能得到专家的认可。恰恰相反，那种另辟蹊径的，具有创新性的研究内容却总是遭到拒绝，这类文章只能投于相对不是很好的期刊。

周机灵：那，您常常和我们说，科研里面要创新，可是这样的情况，在这样的环境下会削弱那些想要发文章的研究者大胆创新的信心吧？

辰经纶：是的，对于那些有要求必须要发文章的研究者而言，与其费尽脑细胞写出一篇具有创新性的文章，倒不如满足“好”的期刊的审稿口味，争取发表来得实际。

周机灵：对对，这可能就是对于我们这些学生最实际，最起码的追求。我们必须要毕业啊。

辰经纶：很多大学一般都会有发论文进行金钱奖励的政策，发到不同档次的期刊，奖励的钱数自然也不同，那么学生肯定也是会想办法发核心期刊啊。相对于高校而言，科学院的政策是有所差别的。在科学院不要求发论文，即使在 *Nature* 和 *Science* 上发了文章，也不会有什么大奖励，每个人的工资也不是靠发论文得来的，都是要自己出去找项目做，收入按照做的项目进行计算。这就具有一定的发散性，不会要求研究者一直窝在办公室里搞研究。在发散空间里，项目做得多，在项目中也能找到创新点，同时这样写出来的文章不会是空想、毫无使用价值的研究，一定是能为组织所用的。

周机灵：那这就要求机构机制首先要有创新管理模式，这样组织中的成员才能按照这种方式做。

辰经纶：所以我一直强调机构创新，任何组织机构只有根据环境进行调整和革新，才能顺利发展。组织机构的管理模式不能是一成不变的，一味地守着固有的管理模式只会阻碍组织发展。我们常提到的“温州发展模式”和“苏南模式”，虽然这两种经济发展模式极大地促进了当地的经济发展，但是在全球化趋势逐渐加强的形势下，这种模式中的政府与市场都会面临挑战。进行改革创新就是保持动态平衡的关键所在。城市经济发展模式需要变革，同样大学的组织机构也是一样，每个学院管理模式的调整虽然艰难，但是真的能给个人带来不同程度的体验，活跃组织环境，同时也能提高科研产出，墨守陈规、不愿意接受改变也必定看不到组织的发展潜力。

周机灵：老师，那在对组织机构的管理问题上，应该怎么去实现创新这一目标呢？

辰经纶：管理者可以着重考虑组织文化的创新。改革的第一步是组织成员先要能接受管理者提出的改革措施。营造一个开放的、发散的具有创新精神的组织文化氛围是很必要的，所以从组织文化创新入手可谓是一个很好的起点。

周机灵：那么，该如何培养组织成员的创新思维呢？

辰经纶：这就成为另外一个问题了，有了鼓励创新的文化氛围，管理者再制定相应的激励措施和灵活的弹性工作安排，才能更好地激励个体在创新方面发挥更大的潜力。组织的管理模式一定要适应外界环境的变化，及时察觉到组织管理中与环境不适应的地方，才能更好地进行组织创新管理，适时地提出一定的创新管理模式才能更为组织成员所接受，并且也会给予管理者一定的底气去推行这套管理模式。

周机灵：可是，管理模式的变革肯定会损害一部分人的利益，这也一定会成为管理创新中的一个阻碍啊。

辰经纶：创新就是要勇于改变，但是改变的结果怎么样就不确定了。人总是要在尝试中寻找更好的管理方式。正是因为这样，敢于创新善于创新的管理者不多，每个管理者都不想在自己任职期间出现失败的改革，但是没有创新就不会发展。所以每一个管理模式的变革一定是经过深思熟虑而且富有勇气的。

周机灵：老师，刚才您讲的是组织机构的创新，但组织也一定会有发展战略制定的，那么战略创新和组织创新有先后顺序吗？

辰经纶：无论是企业还是高校都会有战略规划。战略创新代表着机构明天的发展方向，也是决定机构发展成功与否的一个关键因素。重大的战略创新往往是机构改变发展目标的结果。试想，如果组织创新走在前面，战略却没有跟上，就像我们所熟知的青岛一家家电集团。

它的小家电之所以淡出消费者的视线，其实和它的管理者有很大的关系。这家公司的组织管理是很先进的，几乎不存在问题，但是它的发展战略过于陈旧，不能适应现代这个社会，所以即使组织管理做得再好，可能结果也不尽如人意。

周机灵：您刚才讲到的例子，创新这一管理目标处理是否得当就反映在了它的销量上。那么政府、高校这些组织的管理，又该如何衡量其创新做得是否好呢？好像这个评价没有什么固定的标准。

辰经纶：就像有人会拿论文的引用率来评价这篇论文的好坏。钱学森有些关于导弹研究方面的论文引用率很低，但它真的是没有用的研究吗？我们往往喜欢通过量化一些东西去评价这个东西，事实上，很多东西量化之后反映的并不是事实。评价这个管理目标现在比较常用的就是制定一套评价指标体系，而评价指标体系又会有很多种形式。

周机灵：刚才我们说的都是有关机构、组织之类小方面的创新目标的实现，那谈到国家对于创新战略的规划，让我想到了之前一位诺贝尔经济学奖得主、哥伦比亚大学教授 Edmund Phelps。他曾表示，“十三五规划”好像有一种隐含的假定，那就是创新在很大程度上是可以接受引导，从而把创新引向一些希望优先发展的产业。好像创新是可以控制的，而且能够像控制投资一样容易地去控制创新。他的这种看法听起来似乎有一定的道理，但是国家不去规划创新发展的道路似乎也不行。

辰经纶：规划所倡导的创新理念没错，这位教授认为规划中将创新引导到了一些优先发展的产业上，有夸大的成分。我认为创新是不可以被引导的，而是要顺其自然发展，是不受政策控制的。创新当然要全面发展，但是根据国家的发展形势，要屹立于世界之林，中国的创新可能需要有一定的侧重点。而且中国有自己的经济发展模式，中国的经济行为从某种程度上说受到国家政策影响还是比较大的，国家的宏观调控也有一定的作用。“十三五”规划不是哪家的一面之词，它的制定要兼顾的方面很多，可以说也是具有一定客观性的。创新总是渗透在我们的工作生活中，看似复杂，却又无处不在，无论人还是机构，想要发展，都要把创新装在心中。

触动灵魂：效率

辰经纶：同学们好！咱们一年一度的应急管理课程培训班，到今年就是第十个年头啦！回顾 2016 年，咱们举办的第九届培训班，相对来说呢，还是比较成功的。我现在在想 2017 年就换一个人来组织这件事吧。

白困惑：辰老师，2016 年暑期举办的应急管理培训班是周机灵组织的，虽然中间出了一些小纰漏，但总体上还是很成功的。机灵做得那么好，为什么下届培训班您要换一个人组织呢？而且，机灵已经积累了很多组织经验，组织起来必然熟门熟路，得心应手，换一个人岂不是要重新上手，还容易出问题吗？

辰经纶：你说的有一定道理，但是作为一个老师，是要让每一个学生都能学到一些东西。我的管理团队要求所有人什么活儿都要会干且能干，当然前提是我提供锻炼的机会，而不是一个任务只能一个人干。如果按困惑你所说，每次培训班都让机灵去组织，团队就他一个人有经验，短期来看，会议组织的效率提高了，但是她毕业以后呢？那时候要再选一个学生来组织，他（她）在筹办过程中要是有什么不懂的，都没人去问，去寻求帮助，那样才可能出大的乱子呢！这不就是管理学中讲的效率嘛。

白困惑：老师，您这样一说，我就明白了。任务虽然交给了低年级甚至是刚入学的新生，但由经验足的高年级师兄师姐从旁把关，这样既能很好地完成任务，又锻炼了低年级学生，从整体上提高了团队的工作效率。但是，老师，还是有一个疑问，我经常在管理学中听到"效率"一词，管理学中的效率和我们这里讨论的工作效率是一个意思吗？

辰经纶：本质上是相同的。管理效率并不是一个新的管理理论问题，它是伴随着科学管理的产生而被提出来的，是科学管理的重要内容和基本原则，是管理者始终在追求的管理目标，因为效率没有最高，只有更高。

周机灵：在备考研究生入学考试的过程中，我复习了罗宾斯的那本《管理学》。书中对管理给出的定义是："协调和监管他人的工作活动，从而使他们有效率、有效果地完成工作。"

辰经纶：是的。效率和效果对于最终的工作目标都必不可少。效率指代的是做事的方式，有效率通常是"正确地做事"；而效果则是指代结果，有效果即"做好正确的事"，两者是相辅相成的关系。良好的管理通常既是高效率也是高效果的，这对团队管理至关重要。对企业管理也是如此，提高企业的管理效率就是提高企业的生存能力。

白困惑：企业？一个企业最重要的生存能力不就是赚钱嘛？有了钱就啥都好说。

辰经纶：一个企业最重要的事是赚钱吗？当然是，用赚来的钱养人，推动技术进步，推动社会生活方式的改变，推动这个世界改变……这些都需要企业去赚钱。那除了赚钱，或者说为了更好地赚钱，一个企业最重要的事情是什么？是要夯实基础，按部就班推动变革，力图从根本上提高效率、改善效果。

周机灵：我同意老师的看法，你看我们几个现在都用的是华为手机，这个牌子现在的名气可谓是节节攀升啊。但是，华为在创立初期，也是管理混乱、效率低下。老总任正非要引进 IBM 做管理体系改革的时候，公司上上下下反对的压力是非常大的。但老任不为所动，不仅引进了优秀的管理体系，更引进了优秀的人才，优秀的技术，优秀的产品，这才逐渐造就了一个有效率的华为、一个有效果的华为，支撑了华为世界级的成就。

辰经纶：所以说啊，管理就是为了提高效率。

白困惑：老师，那对于企业管理，您觉得应该怎么样才能提高管理效率呢？

辰经纶：一方面，要提高人的效率，管理归根结底是对人以及人的行为的管理。通过对人的组织、指挥和调节，充分调动人的主动性、积极性和创造性，做到人尽其才；

另一方面，还要提高物的管理效率，管理好资金、物资设备和设施，这是提高管理效益、降低管理成本的重要途径。

白困惑：哦，是的是的，不过我觉得您说的是偏向企业管理当中的效率呀，老师，您对我们这个团队的管理也可以这样解释吗？

辰经纶：我对你们的管理同样是如此，我平时负责团队的工作安排和进度的考察，赵老师负责财务的管理和日常生活的安排。针对咱们团队的管理，可以用输入和输出来说，那就是本着成本低、效率高的原则，例如，在举办应急管理课程培训班的时候换一个人来组织，我不一定需要手把手指导，只需要让“老人”来进行指导即可，这样既节约了我的时间，同样也可以让“新人”有个锻炼的机会，“老人”与“新人”一起干，我的输入降低，但是输出却并未减少，自然效率就提上去了。我的团队中，要个个都是精英，每个人在组织过程中都会出差错，但是只要团队整体能力上去了，那么整体效率便会提高。

白困惑：哦，是的老师，我现在明白了。老师您对我们的管理效率高，那么就会产出高，回报大；效率低则导致回报低。与企业当中的效率是相同的，企业当中的低效率管理必然会影响企业管理绩效，从而造成企业的低效益，甚至严重亏损。那什么是导致企业效率低的原因呢？

辰经纶：这说来就话长了，企业当中的管理相对于对你们几个的管理来说，难度可不是大了一丁半点。导致低效率的原因也有很多，不过终归有这么几条：1. 管理成本过高，主要有机构重叠臃肿、人浮于事、冗员过多。2. 管理体制安排不合理、不科学。不合理的制度安排会造成管理成本的上升，收益的下降。3. 管理主体素质有待提高。较低素质的管理主体必然会制约管理效率的提高。4. 管理方式落后。我国企业管理方式一直处于较为落后的状态，近几年，又热烈追求所谓的企业文化等人文管理，使企业管理基础受到削弱，出现基础管理下滑 45% 的严重局面。

白困惑：这么多原因导致企业管理的低效率，怎么才可以改进呢？

辰经纶：改进倒是可能的，但并非朝夕之事。我觉得可以从以下方面进行。1. 完善科学的管理体制。管理体制是管理活动得以高效运行的基本条件和基本原则，其制度安排得合理与否，直接制约着管理效率和管理绩效的提高。2. 选择一套符合实际的管理模式。效率是管理选择的第一标准，企业家、管理人员有权根据效率实现情况选择适宜的管理方式和手段。3. 造就一批高素质的管理专家队伍和企业家阶层。企业家阶层是科学管理得以推行的基础和前提，是企业提高经营管理水平和企业效益的关键因素。

白困惑：看来企业当中管理效率的提高比您对我们的管理要困

难啊，我想还是因为我们几个资质尚且不错吧，老师？

辰经纶：嗯，是的……

周机灵：老师，今天我们一直在谈企业和团队的管理效率。近段时间，我一直情绪特别低落，总感觉自己的学习和生活效率很低，每天 24 小时，也没觉得自己做成什么，觉得时间不够用。我也在尝试各种改变，比如，中午不睡觉也要继续学习，晚上很晚才睡，等等。你们觉得我应该怎么办才能提高个人的时间管理效率呢？

辰经纶：机灵，我认为呢，你是一个对自己要求很高的学生。但听你刚刚对生活描述以后，我不是很赞同你的做法。总体来说，你一直让自己处于一种精神紧绷的状态，可能你花费的时间比别人多，坐那里进行所谓的“学习”了，但是你的精神状态不好，不能注意力集中，导致你的效率低下。

白困惑：我之前也遇到过这样的情况，经过调整，情况有了很大好转。第一，每天学习之前，先用小本列出今天全天的学习任务，这一定要按照重要次序排列，先列出需要占用大量宝贵时间的重要紧急任务，依次列推；第二，做事情一定要专注，千万不能想着事情太多不好处理，一定要在一件事情上集中注意力，一鼓作气；第三，每天坚持运动，这是一种非常有效的减压方式。“身体是革命的本钱”，虽然说跑步或者其他运动项目会占用你的时间，但是运动以后你肯定能发现你的状态特别好。另外，通过不同的体育锻炼，还能认识到新朋友，可谓一举多得呀。

辰经纶：是的，困惑做得非常棒，要向她学习。另外，人不可能一整天都是状态很好的，要掌握自己的生活规律，将重要的事情放在一整天中精神状态最好的时候；还要懂得向他人寻求帮助。如果你的任务很重，时间又很紧张的话，你完全可以向团队中的其他人寻求帮助啊。一个团队就要有互帮互助的精神，这样咱们才能实现学习和生活的高效率和好效果。

周机灵：好的，老师，我知道了。听完你和机灵的话，我回去要好好地做个时间管理计划，然后执行。

四牡騑騑，四骐翼翼：秩序

辰经纶：最近，总有机场航班延误导致旅客扰乱秩序的事情，引起了大家的广泛关注。机灵，你对这事的发展过程了解吗？

周机灵：这件事情发生在 A 地飞往 B 地的航班登机口，原因主要是 B 地机场流量控制原因，导致飞机不能按时起飞，造成延误。一名旅客得知航班延误后，在登机口验票台前与机场工作人员争吵，不停用身体冲撞地服人员，用手掌击打登机口验票台，民警对他多次口头警告无效，他再次拍打验票台桌面，并纠其家属，对民警进行身体撕扯，抓伤民警胳膊；民警再次警告，该男子及其家属无视警告继续对民警和地服人员进行撕扯、阻碍。

辰经纶：机场扰乱秩序的行为最近屡屡发生，对这类现象，你怎么看？

周机灵：近年来，旅客在机场违反秩序的行为屡见不鲜，比如说，旅客携带刀具等违禁物品蒙混登机，在飞机上吸烟，飞机起飞后用手机看电影，更有甚者以祈求平安的幌子向飞机发动机投掷硬币等等。以上行为不仅暴露出自己秩序、道德意识淡薄，更是对社会、公民的不负责任，一旦机场出现混乱或是飞机由于以上行为发生事故，将会严重危及公众的生命财产安全，造成无法挽回的后果。

辰经纶：没错，改革开放以来，国家大力发展经济，我国经济、物质水平得到很大提高，但是在精神方面建设还有很多不足。社会上经常出现一些违反社会秩序的行为，你平时有没有什么见闻或经历？

周机灵：我想说一些违反交通秩序的行为。从小我们就学到红灯停、绿灯行，机动车如此，行人更应如此，但是十字路口很少看到有行人会老老实实等红灯，常常是看到附近没有车辆通过时，无论红灯还是绿灯直接穿过马路。我听说，德国人深夜在十字路口哪怕空无一人也不会闯红灯。我没去过德国，但知道中国国情，大白天闯红灯的数不胜数，至于深夜，行人闯红灯更是“不闯白不闯”。

辰经纶：嗯，我在国外生活时也遇到过这种尴尬的情况。毫无疑问，政府和公民都有责任，但有一点需要特别注意，就是公民秩序意识的缺失。今天，秩序意识的缺失，源于我们的日常生活，守规矩、讲秩序的人反而吃亏，甚至被嘲笑，而那些不守规则的人更沾光。但是，随着我国高等教育的扩招，大家的受教育层次提高，我相信会越来越好的。

周机灵：是的，老师。不过说到“秩序”这个词啊，我还想到了那本《管理机制设计理论》的书，其中谈到通过一定的机制设计，可以提升管理效率。现实生活中我就发现一个很有趣的现象，也可以说明秩序。你们有没有注意超市购物车的情况，以前去超市，购物车都是随便放在各种地方，会影响顾客的购物。现在增设了投币口，需要先交一元“押金”才能解锁使用。这种行为的目的是维护秩序，防止顾客将购物车乱放。

辰经纶：这就是一个很好的管理机制设计应用例子，通过设计，改变人的行为方式，进而促进管理的有效运行。

白困惑：我觉得，投币购物车最大的受益者是超市，方便了超市管理，节约了成本，但是对于顾客，不但取车还车时需要排队，东西买多了还得绕路还车，耽误顾客时间。我有时候就会很反感这种管理，以前的购物车多方便啊，现在的话，如果没有带硬币，购物车还用不了了呢。

周机灵：可能是一开始都不习惯，以后会慢慢适应的，就像对待投币寄存箱一样。虽然比过去增添了麻烦，但是可以规范顾客文明购物行为，提高顾客的自觉意识，养成良好的购物习惯，还是值得提倡的。

辰经纶：这需要考虑到人性化需求，同时，考虑到中老年顾客的需求，建议多在出入口处增加一些停放点和硬币兑换点。而且，不仅社会生活中我们需要秩序，政治、经济、思想领域也需要一定的秩序进行维护，正如亨廷顿所言：“人类可以无自由而有秩序，但不能无秩序而有自由。”

白困惑：也是哦。那到底什么是秩序呢？为什么秩序具有至高无上的价值呢？

辰经纶：从法理学的角度来看，美国法学家博登海默认为，秩序指的是，在自然进程和社会进程中都存在着某种程序的一致性、连续性和确定性。在政治领域，所谓的政治秩序是与政治失序相对而言的，政治失序是指国家出现动乱、暴力、政变等事件，那么政治秩序则意味着无动乱、无暴力、无政变，国家处于政治稳定和有序的状态。现如今权钱交易、权色交易、以权谋私、滥用职权、侵吞国有财产，甚至一些高级干部嫖娼等政治失序问题也是屡见不鲜。这种事情就需要法律的手段来维持社会公正，维护社会秩序了。社会有秩序，才能将人与人之间的各种自然差异融合在一起。

周机灵：秩序真的很重要，前几天我还在手机上看到一篇报道，说秩序还能为社会产生财富呢。

白困惑：咦？秩序产生财富，难不成还能转换成生产力？

周机灵：确实是这样呢，其实你一细想就会有答案。因为国人讲秩序，很少有人违法，所以国家财富不会损失或被浪费；因为国人讲秩序，所以普法成本和执法成本会下降；因为国人讲秩序，所以所有事情都是按科学规律和程序完成的，社会产品质量高就不会浪费资源；

因为国人讲秩序，所以很少有无序竞争，所以社会资源不会被浪费；因为国人讲秩序，所以就不会有政府所谓的交学费工程，就不会有烂尾楼、豆腐渣工程。据说，一棵树的木材，在北欧五国和德国被做成家具，制作也需要 1 年，但是一定可以使用 30 年；要是在中国，制作只要 1 个月，但使用就只有 5 年。

白困惑：我觉得你说得很有道理，以后我也要在生活中多观察多思考才行啊。

辰经纶：作为接受高等教育的学生，探讨问题也应该由小到大，逐渐深入。除了咱们刚刚谈到的个人秩序、社会秩序等等那么多的方面，你们怎么看世界秩序呢？

白困惑：世界秩序，那就是各个国家都按照联合国规定的条例，维护世界的和平发展。世界和平就说明世界运行得很有秩序，一旦打仗，秩序就乱了吧？

辰经纶：这意味着就国家行为的基本原则和标准达成一致，事实上，这个概念本身就表明，不仅存在国家构成的一个“体系”，而且作为一个“社会”，其中的成员会认同社会生活基本目标方面的共同利益，规范行为并维护这些目标的规则，以及促使这些规则生效的各种制度。

周机灵：老师，我对这方面也不是很了解，那目前的国际秩序有没有什么问题呢？或者说是挑战？

辰经纶：目前的世界秩序面临着两方面的挑战。第一个挑战是中国作为一个崛起的大国，进入 21 世纪后对现存的国际秩序越来越不满意，会更多地参与到全球治理进程中。第二个挑战来自于美国本身，虽然现存秩序是美国自己领导和塑造的，但特朗普上台后在瓦解或挑战这个秩序，这种挑战和中国的崛起加在一起，使得“二战”以后的世界秩序面临着重建。

周机灵：但是，中国并不会替代，也不可能在短期内替代美国而重新塑造“二战”以后的世界秩序吧？在国际社会看来，过去中国只讲参与，从来没有谈引导，现在中国要引导国际社会建立秩序和安全，在国际治理中的角色就发生了转换，从而在很大程度上开始发挥领导作用。

辰经纶：中国目前做的事情并非要取代美国。在“硬实力”方面，国际秩序的塑造者要花很多资源，中国目前还不够。事实上美国已经深深地嵌入全球生产链中，特朗普的很多政策仍然脱离不了传统上美国在国际事务当中的责任。在“软实力”方面，美国在世界上的领导地位不仅是由于其硬实力，很大程度上也是它的软实力。此外，中国还是现存美国主导的国际秩序的最大受益者之一。

白困惑：“二战”以后建立的和平秩序，保证了世界的发展和平繁荣，但毕竟“二战”结束70周年了，旧秩序越来越僵化，需要改良、改善，需要产生一个更公平、更合理、更透明，有更多参与者的世界秩序，一个互利合作共赢的世界秩序。旧秩序不灵，新秩序却还没有产生，中间有一段相当长的博弈期或不确定期，世界又到了一个新的历史关头。

辰经纶：其实，中美之间的发展不是一种零和游戏，完全可以实现双赢，中美之间的相互依存程度已经达到了前所未有的地步。多年来，中国发挥的作用越来越重要，很大程度上是要求改革现存秩序，而不是要重新塑造国际秩序，是要改变美国在国际事务中的霸权，改变中国在国际游戏规则制定中的地位。

周机灵：今天巩固世界秩序要复杂得多，因为全球力量越来越多样化。

辰经纶：是的，从中国的角度来讲，也应该明确向全世界宣布，中国是现存国际秩序的维护者，因为中国仍然是受益者，但中国要改革的是国际秩序中，以中国为代表的发展中国家或新兴国家的发言权和代表权。这也是中美之间全球博弈的焦点。

天下熙熙，天下攘攘：利益

白困惑：小周干啥呢？

周机灵：刚才写论文了，现在休息一下看看新闻。

冯热闹：小周认真地写了一中午论文，让他休息会儿吧。

白困惑：怪不得老师总夸奖小周，原来是有理由的。

周机灵：你们两个快别说了，哪有这么厉害，我只是做了自己应该做的而已。刚才在手机上看了一个故事，让我感受颇深。

白困惑：什么故事？

周机灵：王二小放牛的故事，写的是抗日战争时期，王二小的家乡是八路军抗日根据地，经常受到日本鬼子的“扫荡”。王二小是儿童团团员，他常常一边在山坡上放牛，一边给八路军放哨。1942 年 10 月 25 日，日本鬼子又来扫荡，走到山口时迷了路。敌人看见王二小在山坡上放牛，就叫他带路。王二小装着听话的样子走在前面，为了保卫转移躲藏的乡亲，把敌人带进了八路军的埋伏圈。突然，四面八方响起了枪声，敌人知道上了当，就气急败坏地用刺刀挑死了王二小。正在这个时候，八路军从山上冲下来，消灭了全部敌人。

白困惑：这个故事我们在小学课本上学过呀，王二小为了国家利益牺牲个人利益的形象给我留下了深刻的印象。

周机灵：是的，这就是我要说的六大管理目标之一的利益。

白困惑：确实应该讨论讨论了。利益在我们生活中是一个十分敏感的词，许多人都不愿提起，但是在实际中人们为了得到利益不择手段，甚至以牺牲他人利益来满足自己，如果长久这么发展下去，人的良心会泯灭，社会将动荡。

周机灵：确实是这样。

冯热闹：你们说的是管理机制设计目标中的利益？

周机灵：是的。

辰经纶：你们三个干啥呢，这么热闹？

冯热闹：老师来得正好，他们在说六大目标中的利益呢。

辰经纶：那我正好听听，现在说到什么程度了？

冯热闹：刚刚开始，还没深入。

辰经纶：那好，小周你先来说说利益的概念吧。

周机灵：利益是人类出于满足自身欲望的一系列物质、精神需求的产品，从某种程度上来说，包括金钱、权势、荣誉、名气、地位、国家主权乃至于帮助他人所带来的快感，但凡是能满足人类欲望的事物，均可称为利益。通俗地说，利益，就是个人或集体在金钱、待遇和地位上种种好处的总和。

辰经纶：说得很好，利益就是对人们未来有好处的事物，这个

“好处”对于不同时间不同的人而言，其标准也是不一样的。利益是最为常见的机制目标，一般指的是可量化的受益。如果机制的设计者也是机制的执行主体，就会在客体所接受的范围内，使主体尽可能获得最大的受益。

白困惑：王二小为保护国家利益牺牲个人利益这件事是不是说明利益有很多种？

冯热闹：对呀老师，我们经常听到的就有国家利益、集体利益、个人利益等各种利益，那利益具体是怎么分类的？又详细地分为哪几类呢？

辰经纶：这个问题问得好，谁能来解释下小冯的问题？

周机灵：老师我知道几类，但不知道是否准确，还希望您能指正。

辰经纶：好，你先说。

周机灵：利益可以分为物质利益和精神利益，它们分别是人类历史活动的物质和精神动力。物质利益又可称为经济利益，它是社会经济关系的体现，即“每一个社会的经济关系首先是作为利益表现出来的”。

白困惑：从利益范围来看，根据利益的时间范围，利益可分为长远利益、短期利益和当下利益；根据利益的空间范围，利益可以分为整体利益、局部利益和个别利益；根据利益的主体范围，可以将利益分为多数人的利益和少数人的利益；根据国家结构的标准，可以将利益分为中央利益和地方利益。

周机灵：从利益主体的角度，可以将利益分为个人利益、集体利益、国家利益和社会利益。

冯热闹：我刚才在网上学了一个，来个现学现卖。从利益内容的实现角度来看，可以将利益分为既得利益和将来利益；从利益内容的合法性角度，可以将利益分为合法利益与非法利益。合法利益即是法律所承认和保护的利益。非法利益，即是法律所反对和否认的利益或是法律不加过问或法律地位不明确的利益；从其对主体生存的重要性来说，可以将利益分为基本利益和非基本利益。基本利益是指维持生命，保持主体生存的利益；非基本利益是指基本利益的补充和发展。还可以将利益分为现实的利益和非现实的利益。现实利益是指在目前具备条件，能够实现的利益。非现实利益是指暂时不具备条件，还未能实现的利益等等。

辰经纶：好，说得很好，热闹的学习能力很强呀！利益大体也就分为你们说的这几类了。

冯热闹：哈哈！老师过奖了，老师刚才我在查找利益分类时还看了《假文盲》这幅漫画。

辰经纶：难道是中国著名漫画家华君武画的《假文盲》？

冯热闹：对，我很喜欢漫画，但是今天看了这个漫画不仅没有高兴，反而火冒三丈。

白困惑：里面画的啥让你如此生气？要不我们一块看看？

冯热闹：你瞧，就是这幅漫画。这一块写着“母子上车处”的牌子下面，有四个大男人在那儿站着，他们既不是母亲，也不是孩子，然而却心安理得地在那儿排队。看，第一个人又高又胖，双手插在口袋里，对牌子上的字视而不见。在他后面的那一个人，穿着一件大衣，头戴一顶毡帽，靠着栏杆一边闭目养神，一边哼着小调。还有一个戴着一副眼镜，看上去很有学问的样子，谁知道他是“文盲”呢？排在最后面的，就更不像话了，你看他戴着口罩，装成病人的样子，心想自己反正是病人，站在这儿也不会招来议论。他们站得舒服，而旁边一位抱着孩子的母亲怯生生地望着他们，心里在想：这明明是“母子上车处”，这几个大男人怎么排这儿来了？看完后，我为这四个男人感到羞耻。

白困惑：他们是文盲吗？他们为什么会这么做？他们的良知何在？

周机灵：肯定不是的，我想他们这么做肯定是自私自利吞没了自己的良知。他们不是文盲，却是精神文盲，毫无公德心的文盲。

冯热闹：小周说得对，他们为了满足自己的利益不惜牺牲他人利益，这样的人应该受到社会的强烈谴责。但是这类现象在我们生活中真是多得不计其数，比如，公共场所不让吸烟，有的人照样吞云吐雾；在医院里禁止喧哗，有的人照样大吵大闹；在有写着“禁止踩踏”牌子的草坪上，有的人依然在奔跑。

辰经纶：你们说的这些现象都说明了人们获得利益的方式不同，大体可以分为三种，第一种是通过损害其他主体的利益来实现自身利益，也就是所谓的“损人利己”，在这种情况下，可获得的总利益是有限的，一方所获得的利益增加了，必然会有另一方的利益受损；第二种是在实现自身利益的同时并不影响其他人的利益，即各自的利益是相互独立的，一方的利益增减并不影响其他人的利益变化；第三种则是在获取自身利益的同时，也能为其他主体带来一定利益，也就是“利人利己”或“互惠互利”，此时所涉及的各个主体间利益是相互关联的，并且都处在统一的利益立场。

周机灵：《假文盲》和人们在日常生活中的不文明行为正是说明了“损人利己”这种获得利益的方式。

辰经纶：对的，这个例子说明得很贴切，还有什么损人利己的例子吗？

周机灵：老师我说一个我亲身经历过的吧。在我老家村子里有几户养牛羊的。发展养殖业，增加农村收入，这是好事，应该鼓励和支持。可千不该万不该为了让自家牛羊吃得肥一些，纵容牛羊祸害路边的庄稼，害得周围的百姓每天起早贪黑去看庄稼，牵扯和耗费了大量的时间和精力。比如，有个老乡有一天帮别人家干点活，没去看地，五六十棵玉米便被牛羊祸害掉了。老实善良的老百姓，心疼不已。

辰经纶：现在损人利己的事到处发生，作为我的学生，大家要树立正确的三观，坚决不能做损人利己的事。因为你欺骗别人，陷害别人，最终还是伤害自己。中国有句古话“善有善报，恶有恶报，不是不报，时候未到”。

周机灵：是的老师，您能给我们讲讲互惠互利的经典例子吗？

辰经纶：那我就说说“一带一路”的例子。“一带一路”是指“丝绸之路经济带”和“21世纪海上丝绸之路”，“一带一路”贯穿欧亚大陆，东边连接亚太经济圈，西边进入欧洲经济圈，“一带一路”不是一个实体和机制，而是合作发展的理念和倡议，是充分依靠中国与有关国家既有的双多边机制，借助既有的、行之有效的区域合作平台，旨在借用古代“丝绸之路”的历史符号，积极主动地发展与沿线国家的经济合作伙伴关系，共同打造政治互信、经济融合、文化包容的利益共同体、命运共同体和责任共同体。

冯热闹：现在的“一带一路”战略涉及64个国家（亚洲43国，中东欧16国，独联体4国，非洲1国），在国际掀起一股时代潮流。

白困惑：确实很厉害，但是“一带一路”具体是怎么互利共赢的？

辰经纶：先从中国的角度来说，“一带一路”给中国带来以下几点好处：1.“一带一路”给我国和沿线国家百姓带来的不仅是收入增加、就业增加，还有生活水平的提升。根据愿景与行动，“一带一路”建设将在旅游、教育、文化、购物、医疗等领域影响百姓生活。2. 可以加强旅游合作，扩大旅游规模，联合打造具有丝绸之路特色的国际精品旅游线路和旅游产品，提高沿线各国游客签证便利化水平。今后通过免签证或简化签证手续，加上更加便捷的国际交通运输，会有更多特色化、个性化旅游线路被开发，实现“说走就走的出国旅行”，坐着高铁去欧洲也不是不可能。3. 购物，要积极同沿线国家和地区共同商建自贸区；创新贸易方式，发展跨境电商等新的商业业态。出境旅游、跨境电商、自贸区建设加速等，都将成为方便国内消费者购物的推动力。贸易通关和国际运输便利化将促进“海淘”范围扩大，也会让生鲜食品的跨境购买更加容易。4. 教育和文化，中国每年向沿线国家提供 1 万个政府奖学金名额，沿线国家间互办文化年、艺术节、电影节等活动。

白困惑：原来“一带一路”给中国带来这么多收益，那是不是能给沿线的其他国家带来更多的收益呢？

辰经纶：共建“一带一路”致力于亚欧非大陆及附近海洋的互联互通，建立和加强沿线各国互联互通伙伴关系，构建全方位、多层次、复合型的互联互通网络，实现沿线各国多元、自主、平衡、可持续的发展。“一带一路”的互联互通项目将推动沿线各国发展战略的对接与耦合，发掘区域内市场的潜力，促进投资和消费，创造需求和就业，增进沿线各国人民的人文交流与文明互鉴，让各国人民相逢相知、互信互敬，共享和谐、安宁、富裕的生活。

周机灵：老师，这样是不是太宏观了？有没有十分具体的？

辰经纶：“一带一路”战略主要给沿线国家和地区带来了三个好

处。第一，亚投行的建立，主要用于对亚洲基础设施进行投资，在这当中扮演了重要的角色。第二，丝路基金的建立，并且基金规模在不断增长，其主要对“一带一路”沿线国家和地区进行投资，且资金量巨大。第三，“一带一路”战略本身的提出，给互联互通带来了灵活性，也给沿线国家和地区带来了更多的合作伙伴。

白困惑：在经济全球化时代，没有哪一个国家可以独善其身，协调合作是必然选择。我们要在世界经济共振中实现联动发展。而“一带一路”战略给中国带来了巨大的利益也给沿线各国带去了强劲的发展动力，真正形成了互利共赢、共同发展的格局。

辰经纶：好了，都学会“社论腔”了，你们几个回去之后再好好研究一下咱们讨论的内容，我还有个会议就先走了。

周机灵：好的，老师再见。

第二章

但见群智苦博弈

参与者篇

管理机制的参与者，包括主体、客体和介质三种。主体又包括设计主体、执行主体和监督主体。

通过改变参与者进行机制设计的基本模式包括：改变参与者的属性或作用方式模式；增加或减少参与者模式；改变参与者的行为规则模式；改变参与者的组织结构。

周机灵：小白，吃饭了吗？

白困惑：吃了，今天老师找我们开会？

周机灵：是的，我昨天收到消息了。听说前几天去澳大利亚海中歌剧院的师哥回来了！好羡慕呀，有机会咱们也去领略一下吧？

白困惑：啊？海中歌剧院是什么？我怎么听都没有听过？

周机灵：你没听说过？澳大利亚的悉尼歌剧院被称为澳大利亚的海中歌剧院，以建筑形象独特而著称于世，是澳大利亚乃至世界上最著名的建筑物之一。早在2007年就被联合国教科文组织评为世界文化遗产了。

白困惑：原来悉尼歌剧院又被称为澳大利亚海中歌剧院。虽然我没去过悉尼歌剧院，但是在各个媒体上能经常见到，歌剧院从外观看就像三组巨大的贝壳，耸立在新南威尔士州首府悉尼市贝尼朗岬角上，远看犹如一组扬帆出海的船队，也像一枚枚屹立在海滩上的巨大贝壳。想想就能感受到它的宏伟壮观，让我心驰神往。

周机灵：对对，我和你有一样的体会，有机会我们一定要去体验一番。

辰经纶：小白和小周你们两个兴高采烈地说什么呢？跟老师也分享分享？

白困惑：老师我们两个正在谈论悉尼歌剧院呢，都很想去看看这个十分具有特色的建筑物。

辰经纶：哦，悉尼歌剧院什么吸引你们？

周机灵：最吸引我们的主要有两点，第一是它的外形 ，第二是它在澳大利亚乃至世界上的地位。

辰经纶：悉尼歌剧院的确是外观宏伟壮观，而且还是世界文化遗产。但是，你们知道这么伟大的建筑物在整个建造过程中又有什么故事吗？

周机灵：据我们了解，悉尼歌剧院是丹麦设计师约恩·乌松设计的。乌松居住的丹麦农村附近有一座古老的城堡，据说莎士比亚的名剧《哈姆雷特》就是以此为背景创作的。这城堡的奇特结构激发了乌松的灵感和创意，从而设计了悉尼歌剧院。在图纸确认之后，悉尼歌剧院在 1959 年 3 月破土动工，历时 14 年，耗资 1 亿多澳大利亚元，在 1973 年 10 月落成揭幕。英国女王伊丽莎白二世为此专程参与剪彩。

白困惑：这有什么奇特的地方吗？

周机灵：老师我也感觉不到有什么特殊之处。

辰经纶：小周你了解的还是太少，在设计图纸竞标时，乌松只是拿出一个草图，但最后他却是获选者，这里面有很多故事。

周机灵：老师您能告诉我们具体发生了什么事情吗？

白困惑：老师您快说说，我们都迫不及待了。

辰经纶：1955 年 9 月 13 日，悉尼歌剧院设计招标，拉开了宛如戏剧般跌宕起伏的悉尼歌剧院设计完工过程的大幕。截至 1957 年，共有 32 个国家的 233 份设计方案参与“悉尼歌剧院”设计竞标。作为主要评选委员的美国建筑大师沙里宁因故迟到，他对其他评委已经选出的 10 个方案无一满意，却在已遭淘汰的方案中找出丹麦建筑师约恩·乌松那份只有潦草几笔的设计方案，并大加赞誉“必将成为伟大非凡的超群创作”。但是由于竞选时没有详细的设计图纸，导致在以后的具体施工中出现了经费超支的情况，乌松也因此陷入政治旋涡。为了摆脱争议，他搬去了意大利，直到去世也没有再踏入这片土地，也没有亲眼看到自己设计的作品。

周机灵：原来这么伟大的作品背后的故事也是这么不同凡响，沙里宁能在 233 份作品中认定乌松的作品必定是超群创作，说明沙里宁也是传奇般的存在。

辰经纶：悉尼歌剧院就建筑技术及其影响而言，无疑是举世无双的，是一个十分成功的例子。但是，其在设计方案招投标到建设完成中的管理机制设计方面却是十分失败的。尤其是在设计方案招投标的过程中，32 个国家 233 个设计作品就是多个客体，而评标委员会成员就是多个主体，沙里宁能把其他评标委员的决定全部否定是不合理的存在，这体现了管理机制的不完善。在管理机制设计中，这是一个典型的多个管理主体应对多个客体的例子。

周机灵：多个主体，多个客体……老师，这里面涉及的是管理机制设计理论中的参与者问题吧？

白困惑：参与者……乌松和沙里宁都是管理机制的参与者吧？

辰经纶：没错，所谓管理机制设计的参与者主要包括三个类型：主体、客体和介质。机制的主体是在机制设计中占主导地位的参与方，根据主体在管理机制中承担的角色，主体按照作用不同可以分为支配主体、设计主体、执行主体与监督主体。

周机灵：我们仅从悉尼歌剧院这一个例子就学到了这么多关于机制的内容，这要求我们在做学问或者在日常生活中要思考要深入，做事要举一反三。

白困惑：原来机制的参与者有这么多，等回去之后我和小周一起再好好思考一下。

辰经纶：是得多琢磨琢磨，时间不早了，先去吃饭吧。回去之后可以找几个实际的例子来帮助你们理解。等你们有一定了解了，我们再具体讨论。

白困惑、周机灵：好的，老师再见。

星尘如是我闻：主体

周机灵：老师早上好。

白困惑：老师吃早饭了吗?

辰经纶：我吃过了，你们两个来得挺早呀。今天早上我看到一则新闻，标题是“总统怒怼法院，国会党派竞争激烈，美国三权分立制度要崩盘?”这一标题让我很好奇，你们有谁看了这个消息?

周机灵：这条消息我看了，里面内容好像是这样的，特朗普今天早晨很严肃地发布了一条消息“我们法院见，美国的国家安全到了生死攸关的时候!”

辰经纶：对，就是这条消息，小周你知道他为什么这么说吗?

周机灵：他说这个的原因是在当地时间周四晚上，美国第九巡回上诉法院裁定：维持暂停执行“禁穆令”的判决，持有美国签证的相关国家公民可以继续入境。这对两个星期前签署“禁穆令”的特朗普来说无疑是一次沉重的打击。

白困惑：事情为什么会这样呢?

周机灵：上个月 27 号，特朗普签署了一项行政令，主要内容是在 90 天内禁止伊朗、叙利亚等 7 个国家的普通公民入境美国。然而 3 天后，华盛顿州司法部向联邦地区法院提起诉讼，要求冻结特朗普的行政令。主审法官罗巴特判决支持了这一要求。特朗普感觉很恼怒。司法部随即上诉至联邦第九巡回上诉法院，要求上诉法院紧急解冻地区法院对行政令的冻结。不过，上诉法院否决了司法部紧急解冻“冻结令”的请求。

白困惑：总统的权力不应该是至高无上的存在吗？其行政令为什么能轻易遭到冻结？

周机灵：这应该和美国的三权分立制度息息相关，具体有什么，内在联系还需要老师给解答一下。

辰经纶：小周对此事件叙述得十分具体，事件的根本原因也确实和三权分立制度有关，小周你能详细说说三权分立制度吗？

周机灵：老师我大概了解一些，所谓的三权分立又称为三权制衡，是西方资本主义国家基本政治制度的建制原则，其核心内容是，立法权、行政权和司法权相互独立、互相制衡。三权分立具体到做法上，即为行政、司法、立法三大权力分属三个地位相等的不同政府机构，由三者互相制衡。美国是应用三权分立制度十分成功的国家。

白困惑：小周对三权制度的描述正好和我了解的三权分立制度的起源和发展过程紧密联系起来。

辰经纶：噢，小白来说说你所了解的。

白困惑：“分权”一词在很久以前就存在。亚里士多德曾提出过分权的想法，但是之前的分权和近代的分权存在很大的差距，不能混为一谈。不过古代的分权思想为以后的分权提供了主要的思想基础。17 世纪的思想家洛克第一次创立了“分权学说”，这是后期孟德斯鸠“三权分立学说”的直接理论来源。孟德斯鸠把国家权力分为三种，第一种是立法权，第二种是行政权，第三种是司法权。这三种权力彼此职权不同，不能混淆。

辰经纶：你们两个对三权分立的概念、起源及发展过程说得很详细。就如你们所说，孟德斯鸠的三权分立学说在历史上留下了光辉的一笔。在实践上，也促进了诸如美国等国家的宪政发展，具有重要的历史意义。三权分立具有很多实行模式，比如美国的总统制、英国的内阁制、法国的双首长制。

白困惑：老师，我们说了这么多关于三权分立的事，请问三权分立制度是不是一种典型的管理机制设计？

辰经纶：肯定是的，你们有没有认真读我的《管理机制设计理论及其应用》这本书？在这本书中就有管理机制设计的概念，你们通过对概念的理解就会明白三权分立制度是一种典型的管理机制设计。

周机灵：这个……

辰经纶：之前我不是已经给你们说过管理机制设计的概念了吗？小白，说说你的想法。

白困惑：老师，对不起，之前您讲的我也忘了。

辰经纶：这个，这个……今天我说的回去再好好琢磨一下，所谓的机制设计在不同的领域具有不同的概念。比如在经济学领域，机制设计可以定义为在预定经济目标的情况下，通过寻找相应的博弈规则来实现该目标。也有学者认为机制设计是指在给定一个组织目标的前提下，是否可以设计一套规则，使得每一个参加组织活动的人，在掌握私人信息的情况下出于自身利益行事，其最终结果也能够实现组织的既定目标。从实际操作的角度，机制设计可以理解为分析问题的思路、框架和方法，即机制是学术上的说法，对应到实际管理工作中就是制度和规则。我将管理机制设计的基本内涵简单地总结为：为实现一个确定的目标而设计出来的一种涵盖了原则、模式、规范及流程，基于相关事物的机理，考虑到现实条件的制约，具备一定能动性的解决方案。通过这个概念我们可以清楚地认识到，三权分立制度是一种典型的管理机制设计。

周机灵：经过您这么一说，我们明白了很多，但是我了解的不是十分透彻，我们都知道美国是实行三权分立制度最成功的国家，您能不能以美国的三权分立制度为例，详细解说下三权分立制度为什么是一种典型的管理机制设计，以加深我们对管理机制的理解。

辰经纶：上次我给你们简单说了一下管理机制的参与者，你们还记得吗？

周机灵：记得，老师，参与者主要包括三种类型：主体、客体和介质。机制的主体是指在该机制中占主导地位的参与方。根据主体在管理机制中承担的角色，主体按照作用不同可分为支配主体、设计主体、执行主体与监督主体四种。

辰经纶：很好，今天我再给你们详细地介绍主体中的支配主体、设计主体、执行主体和监督主体的详细概念。第一种支配主体，支配主体是指对一个系统的机制有决策权和控制权的参与者。第二种设计主体，是指一个系统设计管理机制的参与者。设计主体可以由这个机制系统内的参与者来担任，也可以由系统外的参与者来担任。设计主体最好能够对系统内不同参与者的信息都了解全面。如果信息不完备，设计主体不能获得所有的信息，尤其是执行主体和监督主体的私有信息，则可能会设计出不合理的机制，破坏参与人关系的平衡。

周机灵：老师，我能插一句吗？

辰经纶：没问题，你想说什么？

周机灵：美国安然事件我听过，当时在全球引起了很大的反响，如果没记错的话，当时美国安然能源有限公司创造了美国历史上最大的破产案，但是有一个比较奇怪的现象。它的审计师是国际“五大”之一的安达信，当美国证券交易委员会宣布对安然进行非正式调查时，安达信竟然销毁了所有有关安然的档案材料。

辰经纶：在美国安然事件中，安达信销毁所有安然的档案就是典型的由监督失控导致的执行主体权力过大。

周机灵：原来是这么回事！

白困惑：老师那第三个执行主体具体指什么？

辰经纶：执行主体是指系统内对客体进行管理的参与者。例如列车上负责乘客事务的乘务员。现今，如何保证执行主体执行的标准化，又能让执行主体有一定灵活性，是管理机制设计应该着重注意的一个方面。

周机灵：老师，您还记得在2010年发生的黄光裕与陈晓的国美之争吗？国美电器创始人、第一大股东黄光裕家族与董事局主席陈晓为首的董事会就国美的控制权进行激烈的争夺。这一事件发生后引起社会各界的密切关注，尤其是让人们思考原来机制设计是不是存在同样的问题，老师这件事是不是暴露了设计主体和执行主体之间的矛盾？

辰经纶：我记得这个事件，黄光裕作为设计主体和陈晓这个执行主体之间的争执充分地暴露了设计主体和执行主体之间的矛盾。在合理的管理机制中，各个主体的权力界定明显，责任分工明确。当各个参与人的角色出现偏差时，机制有可能会失效，如执行主体有可能谋取管理系统内更大的控制权，支配主体无法对其行为进行控制。

白困惑：我们明白了，老师，第四种是不是要说监督主体了？

辰经纶：所谓监督主体就是设计主体不能掌握执行主体的全部信息，也不可能全部观察到执行主体的行为，因此需要引入监督主体来对执行主体的行为进行监督。

周机灵：在我的印象中，监督主体也并不一直是为保护设计主体和支配主体存在的，如葛兰素史克中国行贿事件。葛兰素史克（中国）有限公司为达到打开药品销售渠道、提高药品售价等目的，向工商、物价、人社等职能部门行贿。

辰经纶：你说的这几个例子很具代表性，这充分暴露出监督主体所存在的问题。特别需要我们注意的是，监督主体也会为了追求自身效用的最大化而违背与设计主体的契约。例如，其有可能向设计主体报告错误的信息，对其造成误导，以行贿执行主体对其敲诈，也有可能和执行主体串谋欺骗设计主体。

周机灵：老师，通过你的详细解说，我明白了管理机制设计参与者中主体的类型和特点。参与者主体分为支配主体、设计主体、执行主体和监督主体，每个主体都有不同的定义及特点。

白困惑：老师，那美国的三权分立制度又是怎么和管理机制设计挂钩的呢？

辰经纶：好！我再说说美国三权分立和管理机制设计的关系问题。前边你说了三权分立包括行政权、立法权和司法权。在美国，三权分立制度中总统行使行政权，代表美国政府。国会行使立法权，代表立法机构。最高法院行使司法权，代表司法机构，你们两个来分别说说总统、国会和最高法院的具体职责之后，会有不一样的体会。

周机灵：老师我先来说说美国总统。美国总统是国家元首、政府首脑与三军统帅。在总统之下，还有副总统，以及15个内阁部门。各内阁部门最高长官由总统任命，白宫目前还设有6位“内阁级”，这基本构成了美国行政体系。

白困惑：那我来说美国国会。美国国会是美国最高的立法机关，由参议院和众议院组成。两院各自独立、各自分工又相互牵制。国会就在这两院的共同作用下运转。

周机灵：美国联邦最高法院是美国最高审判机构。最高法院的组成是九名大法官，由总统征得参议院同意后任命的，其判例对全国有拘束力，享有特殊的司法审查权，即有权通过具体案例宣布联邦或各州的法律是否违宪，并且最高法院的首席大法官是终身制的。

辰经纶：说得好，在美国三权分立的政治制度下，立法权、行政权和司法权是相互独立、互相制衡的，在一定程度上与这里描述的机制主体作用相似，立法者等同于设计主体，行政者等同于执行主体，而司法者则等同于监督主体。

周机灵：明白了，老师，您用这么典型的例子来说明管理机制设计的主体真是让我们记忆深刻。

白困惑：确实是这样。老师，美国三权分立制度相互独立相互制衡是不是和管理机制设计中四大主体之间的关系是一样的？

辰经纶：两者的内在机理是一样的。首先管理机制设计中支配主体委托设计主体来设计，设计主体代理设计业务，支配主体委托执行主体实施机制，并委托监督主体对执行主体的行为进行监督，支配主体根据机制执行的结果和监督主体的反馈对执行主体的行为进行评判，并决定是否兑现承诺。执行主体的行为也有可能对支配主体产生反作用，对其造成影响，进而对机制进行调整。

待你不如初见：客体

周机灵：小白你听说内蒙古最近有个会议吗？

白困惑：好像是有的，你想去参加？

周机灵：嗯，要不要一起？

白困惑：肯定想去呀，但是可能去不了。

周机灵：为什么？想去向老师申请一下不就行了？

白困惑：肯定不行，老师这么多学生如果只要申请就能去，那还了得？

周机灵：说得有道理。好像每次会议老师都会提前安排好参会人员，但是我发现几乎每个人都有机会去参加不同的会议，让我们每个人都感觉很公平。

白困惑：好像是这样，不过这次参会人员好像还没确定，你可以去试试。

周机灵：好吧，那我就去了，拜拜。

白困惑：再见，有什么结果记得给我说一声。

周机灵：老师您好！请问最近内蒙古是不是有个会议？

辰经纶：你消息还挺灵通，确实有个会议，主题是关于大数据下的地方政府治理，你想去？

周机灵：老师我感觉好不容易有个机会，我想过去学习一下。

辰经纶：小周你有这种学习的热情老师很欣慰，但是我感觉这个会议主题不是很适合你。

周机灵：为什么呀，老师？

辰经纶：这个会议主题专业性比较强，需要一定的理科功底，我担心你在写论文时困难较多，而且会务组对参会人数有限制。

周机灵：老师说得有道理，但我还是想去学习一下，增长些见识。

辰经纶：小周这次你就别去了，这个会议主题很适合热闹去，并且人家会务组要求只能带一个学生。我会根据你自身的情况给你安排最好的锻炼机会，“好钢用在刀刃上”，我们要珍惜现有资源，最大限度地但发挥它的价值来提升你们的能力。

周机灵：哈哈，老师您这是因材施教吗？

辰经纶：可以这么理解，你们这几个学生，有研究生、博士和博士后，学历存在一定的差异，研究方向也是各不相同，性格、经历、知识储备量等都存在很大的不同，你们所认为最好的并不一定是最适合你们的。对你们的管理就是我一个主体面对你们多个客体，必须要了解你们之间的不同，从而给你们提供最适合提升自己能力的机会，如果不能协调好你们之间的关系，就可能会产生不公平感，影响团队的办事效率。

周机灵：老师你这么说，瞬间让我想起了管理机制参与者中关于客体的那部分内容。

辰经纶：你脑子转得挺快，客体就是与主体相对应，我对你们的管理就是一个主体应对多个客体，机制的客体是指在机制中承受主体所施加作用的参与方。客体通常情况下为具有自由选择权利的人，以及受主体意志操纵的事物或事件。例如，当一个地方发生灾害或者突发事件时，需要快速地疏散人群以减少人员伤亡，这时人群疏散指挥机制中的客体是在现场需要疏散的人群，协调机制的客体是需要协调的服务或资源，而应急管理中的启动机制和终止机制所作用的对象均为应急处置过程。

周机灵：请问老师在企业管理中，机制设计的客体是不是公司的员工？

辰经纶：可以这么理解。管理是一种有目的的行为。为了实现管理目的，必须首先制定管理目标。管理目标不是单靠主观因素确定的，而是根据管理客体的具体情况，考虑组织的状况和企业员工的具体条件来进行预测和制定的，而管理客体又是管理目标的实施者。所有的管理目标，都是依靠和通过管理客体来实现的。如果没有管理客体，即使是再好的管理主体，也不可能产生管理过程。

周机灵：通过老师的讲解我大体明白了客体在整个管理过程中的重要性，除了这些客体还有其他作用吗？

辰经纶：客体的反馈作用是机制设计中不可忽视的力量，不仅可能改变主体的行为，而且可能影响目标的实现程度。需要注意的是，在管理过程中，管理的客体不仅仅指人，管理的客体可以是人、财、物。当客体是人时，其反馈形式往往是直接反馈，因为人具有话语权和行为选择权；而客体为事物或事件时，反馈是指其状态的改变，如应急处置过程为客体时，其反馈为当前状态的衡量值。

周机灵：我明白了，老师，客体在管理机制设计中并不是一味地承受压力，客体也起着至关重要的反馈作用，客体能通过直接或者间接的反馈来改变主体的行为。

辰经纶：对，说得很好。你回去之后要好好研究一下我刚才说的，直到化为自己的东西。然后思考机制参与者中介质的类型和特点，并在实际中找几个典型的例子进行阐述。

周机灵：好的，老师，回去后我们两个好好细读一下课本及相关文献，然后找找实际例子。

白困惑：老师再见。

唯愿：介质

周机灵：小白，上次老师说的介质的类型和特点你看了吗？

白困惑：看了，也找到了几个实际例子，但感觉思路还是比较混乱，有些地方很是困惑。

周机灵：我也是，我找到了单纯的物、有感情的人和有利益倾向的介质来作为例子。也不知道这些例子和知识点贴切吗？

白困惑：我也大致找到了这几类介质，一会儿我们在和老师交流的过程应该会有很多相同的地方。

周机灵：嗯嗯，咱们一起去找老师吧，让老师给指点迷津。

辰经纶：你们两个来了呀，怎么样？布置给你们的任务保质保量完成了吗？

周机灵：绝对保质保量完成，我们回去之后认真地学习了介质的相关内容，对介质的概念、类型和特点有了一定的理解，但是在寻找、理解例子的过程中遇到了很多的麻烦。

辰经纶：嗯，在做研究时遇到困难是在所难免的，有问题我们就共同解决。先说说你们所掌握的介质的概念吧。

周机灵：介质的角色是广泛存在的。在管理机制设计中，主体可以通过对客体直接产生作用，但是在某些特殊情况下必须通过介质间接地对客体产生作用，只是作用的效果不同。

辰经纶：说得好，介质在我们生活中广泛存在，小周听说你本科是班长，你应该很明白你的作用，其实你就起到了介质的作用。在辅导员的管理机制中，班长就是处在导员和学生之间的介质，在日常管理中，如果老师有任务，大部分会通过班长来传达给班级的学生，班长在这个过程中就起到了中介的作用。

周机灵：是的，老师，我是班长，在学校老师有任务安排都是经过班长传达给班级每一位学生的。

白困惑：那小周你就是中介导员和学生之间的桥梁，老师通过你这个中介来达到管理的目的。

辰经纶：嗯，你们说一下在寻找例子的过程中遇到的问题吧。

周机灵：我在寻找例子的过程中看到一条十分奇葩的新闻，新闻上说国外很多地方明明有马桶，但是人们不坐着上厕所偏要半蹲着。这让我很难理解。

辰经纶：你平常是不是不经常看新闻？现今，这样的例子已经有很多了，尤其是在人口稠密、上厕所题不能很好解决的地方很多都采用了这个方法。

周机灵：老师您这么说更引起了我的好奇，为什么这么奇葩的方法会被普遍使用呢？

白困惑：对呀，这种马步蹲裆上厕所的方式多不舒服！简直不能想像。

辰经纶：恰恰是这种不舒服的姿势才能达到设计者的目的。现在人们上厕所的时间越来越长，有些人在上厕所时玩手机，有的女士更是在卫生间补妆，这样使原本就不宽松的厕所变得更加紧张。有些公司认为，员工在上班期间如厕时间过长就是在浪费公司资源。有些国家甚至认为，在一些人流量较大的旅游景区、商场等公共场所排队上厕所有损国家形象。为了解决上厕所时间过长问题，管理者设计出一种没有座圈的马桶，这样人们就会半蹲着上厕所，这种不舒服的姿势肯定没有人还会十分惬意地玩手机，从而缩短上厕所的时间。这样就通过改造马桶这一介质，改变了传统的机制设计。

白困惑：通过改变马桶这一介质来减短人们如厕时间就不会出现排队上厕所的事件，浪费公司资源也更无从谈起。

周机灵：嗯嗯，是的，这真是一个了不起的设计。人作为主体，我们不能限制其上厕所的次数和时间，但是通过改变马桶这一介质，同样能达到目的。

辰经纶：除了你们所说的马桶这一单纯的物作为介质例子之外还有很多的例子，比如在报警电话接听部门，警务中心接听者与报警人间通过电话为介质建立处理关系。通过改变电话铃声的刺耳程度，可以提高报警电话的有效接听率。

周机灵：通过改变马桶结构缩短上厕所时间的故事和提高电话

铃声分贝改善接听效率的故事，都是通过改变物作为介质的例子，从而达到机制设计者的目的。

辰经纶：你们在寻找例子的过程中找到了人作为介质的例子吗？

周机灵：我找到了一个，但不确定是不是？

辰经纶：不妨说来听听。

周机灵：说得不好的地方还请老师指正。在我国古代有这样的一句话“两国相争，不斩来使”这句话是不是说明人作为介质的例子？

辰经纶：你思考一下这句话的来源应该会有所感悟，你可以说说关于这句话的历史典故。

白困惑：是呀，说说吧，我也学习学习。

周机灵：具体来源是这样的，公元前596年，楚国派出申屈出使齐国，楚庄王特意嘱咐不要从宋国经过。宋国执政华元听说了，觉得这是对宋国的莫大侮辱，就设伏击杀死楚国使者。

白困惑：很明显，申屈就是处在楚国和齐国之间的一种介质来传达两国之间的信息，由于申屈被杀引起战争，也说明了介质的重要性。

周机灵：申屈死后，楚庄王为此“投袂而起”，出动大军包围宋国国都整整9个月。宋国派出使者到晋国告急，晋国上一年刚被楚军打败，不敢冒与楚国全面冲突的危险，只是派解扬为使者劝宋国坚守，不要投降。解扬经过郑国，被郑国抓起来交给楚国。楚庄王亲自接见解扬，企图买通他，要他向宋军喊话，说晋军不再提供救援，断绝宋军的希望，解扬不同意。经楚庄王几次威逼利诱，解扬才答应下来。可是当解扬来到了望城中的楼车上，就大声疾呼，说晋国援军不日就到，请宋国无论如何都要坚持下去。楚庄王大怒，解扬说："我答应你的条件只是为了实现使命，现在使命实现了，请立刻处死我。"楚庄王无话可说，反而释放他回晋国。申屈父亲建议在宋国建造住房、耕种土地，表示要长期占领宋国，宋国就会表示屈服。

白困惑：解扬也是一种介质吧？

辰经纶：是的，解扬是宋国、楚国和晋国三者之间的介质，宋国想通过解扬求得晋国帮助，楚国想通过解扬尽快消灭宋国，解扬在三者之间起到了传递信息的作用。小周你接着说。

周机灵：宋国见楚军不肯撤退，就派华元为使者来谈判。华元半夜潜入楚军大营，劫持了楚军统帅子反，说："我的国君命我为使者来谈判，现在城内确实已是'易子而食，析骸以爨'，但是如果订立城下之盟则情愿举国牺牲。贵军退到三十里外，我国唯命是听。"子反只好在睡床上保证做到。第二天报告了楚庄王，楚军真的退到了 30 里外，和宋国停战，双方保证不再互相欺瞒，华元作为这项和约的人质到楚国居住。后世将这一交战规则称为"两国交兵，不斩来使"。

辰经纶：这确实是"两国交兵，不斩来使"的历史典故，除了你们刚才说的两个人，华业也是以自己作为介质让楚撤兵，使两国避免了战争。

白困惑：我在查找的过程中也看见了这样的一个故事。故事写的是最著名的战时两国使节以礼相见的“彭城相会”。

周机灵：小白你也看这样的例子了？快说说。

困惑曰：是的，我也看了，具体是这样的，在450年南朝刘宋与北魏发生战争，刘宋发起北伐，先胜后败，战略据点彭城被包围。江夏王刘义恭率领军队死守彭城（今江苏徐州），北魏太武帝想一举打过长江，派出李孝伯为使节进彭城劝降。刘义恭派了张畅为代表与李孝伯谈判。两人都是当时的“名士”，互相代表各自的君主赠送礼品，尽管处在极其残酷的战争环境下，但他们在谈判中仍然是文质彬彬、礼貌周全。双方的礼节及言辞，一直被后世誉为战场佳话。

周机灵：通过我和小白这两个例子，我对人作为介质有了大致的了解。在这两则典故中，谢扬、华元和李孝伯以及张畅都是作为两国之间交流的介质，用来传递两国之间的信息，从而保证两国能互相了解各自的情况和真实想法，减少战争给各国人民带来的损失，凸显了介质的重要作用。

辰经纶：是的。这两个故事是典型的人作为介质充当传递者的作用。介质充当传递者是指介质可以成为主体与客体之间沟通的一个桥梁。主体和客体之间有时候会有沟通不畅的情况，此时，如果有能够和主体和客体都有很好沟通的介质作为主客体沟通的桥梁，那么会使主体对客体的作用力度更大。例如，在基层社区管理中，社区居委会可能会让一些处理邻里关系比较好的志愿者们在一些事情上来和社区居民沟通。

周机灵：原来是这样。在我们班级中，当班级两个同学因一些小事发生矛盾，这时班长就会站出来在我们之间传递信息调解矛盾，起到“和事佬”的作用。通过班长，矛盾双方可以表达一下自己当时冲动的原因，双方互相明白原因之后可能就会和解。在我们生活中有许多矛盾都是由信息不流畅造成的，如果双方都相互了解彼此的情况，很多麻烦是可以避免的。老师，通过这件事是不是也可以说明班长这一介质充当了信息的传递者？

辰经纶：是的，这个例子很贴切，确实能说明介质充当信息传递者。还有没有关于介质存在的例子？

白困惑：老师，我看到一个例子，写的是媒体作为介质的例子。

辰经纶：噢？需要注意的是，媒体是一个比较特殊的介质，是因为它本身具有一定的利益倾向。

白困惑：是的，老师。在当今信息发达的社会，媒体成为人民群众和政府、企业等之间的介质，来传达人民群众对政府和企业的不满与监督。

周机灵：对呀，我们作为社会的一员也真实地感觉到了这一点。随着时代的发展，如今媒体在我们的日常生活中几乎无处不在，电视台、互联网、杂志、报纸，还有微博、微信，可以说我们每天都会接触大量的新闻信息，媒体成为社会公民监督政府公共权力、各大经济体的违法违纪、社会不良现象的介质。通过媒体这种高强度，无缝隙的报道，让一些违背职业道德和违反国家法律法规的企业、个人甚至政府变得无处躲藏。

辰经纶：在当代，社会媒体作为介质的力量十分巨大，它甚至成为社会、政府的监督者，媒体以其广泛的覆盖面能够在很大程度上影响社会的舆论导向，而在互联网时代，媒体报道被屏蔽的可能性会大大降低。因而其对公权力以及各经济体的监督力度相比以往可谓大大增强了。

周机灵：随着时间发展，有很多不为人知的事件被媒体不断地曝光，比如抽天价香烟的周久耕，这一事件因为互联网上的曝光帖而广受关注；“表哥”杨达才也是因为其在事故现场面带笑容的照片被媒体报道而广受争议进而被查处。这些负面事件的报道，是给有问题的人的一次严重警告，如果再犯，等待他们的终将是法律的制裁。从自身而言，我们应欢迎、支持媒体对公共权力、对社会现象的监督与报道。

辰经纶：传播学家拉斯韦尔说过：“社会犹如一个有机的生物体，必须时刻监视周围的环境以确保生存的需要，在发挥这个功能的时候，新闻媒体经常向我们发出某些即将到来的危险信号，帮助人们确定自己所处的时代环境”。可见媒体这一介质在社会中的作用举足轻重。近几年，中国发生了很多食品安全事件，在社会各个阶层引起很大的反响，通过研究不难发现，媒体起到了重要作用。

周机灵：是的，老师，这几年我国在食品方面的安全确实引人深思。根据相关媒体报道，从2003年的阜阳“大头娃娃”奶粉事件起，广州市白云区劣质散装白酒事件、“陈化粮”事件、“苏丹红事件”、湖北武汉等地的“人造蜂蜜”事件、“三鹿”三聚氰胺毒奶粉事件、毒韭菜事件、人造“新鲜红枣”事件、“毒豇豆事件”“假葡萄酒事件”等等。食品安全事件年年发生，接踵而来，三聚氰胺超标奶粉多次幽灵重现，使用“地沟油”加工食品，使用双氧水或硫黄加工漂白食品，水产品养殖添加激素或抗生素等恶招屡禁不止。

辰经纶：在这些食品安全事件中，媒体作为介质起到了什么样的重要作用？

周机灵：食品问题关系国计民生，因此媒体在面对食品问题的报道时承担着更加重要的责任。随着对食品问题进行检测，准确、积极地对事件进行报道，可以对食品安全事件起到正面的监督作用。媒体对行业的监督，揭露了生产黑幕，促进行业良性发展，比如在2008年，媒体报道了三鹿奶粉中含有三聚氰胺的消息，这些会对食用奶粉的婴幼儿造成极大的损害，在社会上引起了极大的反响，震惊之余也引起了监管部门的高度重视。在此之后，监管部门对国内生产奶制品的厂家进行了大规模的严格检查，令人意外的事，三聚氰胺竟然不是三鹿奶粉一家的个案，而是整个奶粉行业的问题，从对三鹿奶粉的报道及整个奶粉行业内幕的揭露，彻底暴露了添加三聚氰胺的行业潜规则，促进整个奶粉行业的深刻反思，大规模整改每个生产环节，以使其朝良性的方向发展。

辰经纶：说得好，媒体的监督作用能促进产业的良性发展。小白你还知道媒体作为介质的其它作用吗？

白困惑：老师，我是有一定了解的。媒体的监督能引起社会关注，推进相关立法进程。食品安全问题不是某一个人、某一群人的事情，而是整个社会稳定的重要问题，食品安全出了问题需要全社会共同关注，媒体的舆论和监督可以帮助公众看到问题所在，引发社会思考，并形成巨大的舆论压力，促进立法进程。

辰经纶：是的，国家特别注重廉政建设，而媒体对政府官员也具有十分有效的监督作用。在电视媒体的舆论引导下，民众积蓄的愤怒无处宣泄，批评的声音逐渐朝向国家行政和监管部门，在国内刮起一股行政问责的风暴，有利于我国的行政廉洁建设。通过你们对食品安全事件的描述充分说明了介质充当监督者的作用，“介质充当监督者”的模式是指介质在机制中充当监督者的角色，对机制的运行起到监督效果。

白困惑：老师，物、人与有利益倾向的介质相比有什么不同？

辰经纶：有利益倾向的媒体作为介质充当监督者时，可以成为对支配主体利益有帮助的角色，也可以成为支配主体的制约性因素。媒体就是最典型的介质充当监督者的情况。因此，机制中的主体应处理好和这类介质之间的关系，形成和谐共赢的局面。

周机灵：老师，您是不是在介绍介质的类型和特点时也讲到了介质的基本作用模式？例如，“介质充当传递者”模式和“介质充当监督者”模式。

辰经纶：是的，我们在学习时要穿插其他知识，培养综合运用各种知识的能力。我在媒体这一介质中也讲到了“介质充当监督者”的模式，在“两国交战，不斩来使”这个例子中讲的是“介质充当传递者”的模式。

白困惑：老师，介质除了这两种模式还有其他的吗？

辰经纶：介质总共六种模式，除了这两个之外，还有四种模式——

第一种，“介质充当评价者”是指介质在体系中起到对主体和客体的评价作用的模式。介质充当评价者时，也同样既可以成为对支配者有利的角色，也可以成为对支配者起到约束作用的因素。

第二种，“介质充当资源拥有者”可以为主体提供更好的能够作用于客体的资源。

第三种，“介质充当助力者”是指介质协助主体来作用于客体，让主体对客体的作用力度更强。

第四种，“介质充当阻碍者”是指介质会协助客体来反作用于主体，让主体对客体的作用减小。

周机灵：原来还有这么多的模式，每种模式适用于不同的情况，这足够我们回去之后研究一段时间了。

辰经纶：好的，有什么不懂的要及时问，你们先回去吧。

周机灵：好的，老师再见。

白困惑：老师再见。

“你我他”的重塑：参与者设计的基本模式

周机灵：小白你干啥去？

白困惑：没事儿，打算去老师办公室坐会儿，和老师聊聊天。

周机灵：我们一块吧，我正好有几个问题想请教老师。

白困惑：你要请教什么问题呀？

周机灵：就是通过改变参与者进行机制设计的基本模式这一节内容。

白困惑：好吧，前几天听老师说在大学期间你是班长？

周机灵：是的，大学期间有幸当了几年班长。感觉在当班长这几年学到了很多课本上没有的东西。

白困惑：是的，班长确实能锻炼一个人的综合能力，你是不是在当班长期间人缘很差？

周机灵：啊？为什么这么说？

白困惑：因为我本科时的班长当得很差劲，做什么事都做不好，有点好事只想着他自己，我们班的学生都很讨厌他。

周机灵：一个班长能力的大小对班级发展而言至关重要，也与别人对他的认可度息息相关。

白困惑：嗯嗯，你当了这么多年班长有什么感悟吗？

周机灵：感悟还是有的，我认为一个优秀的班级，靠的是班级强大的凝聚力，而班级凝聚力和有能力的班长具有密切的联系。班长就是把一盒散沙变成已凝固成整块的混凝土，将一个独立班级体变成一个坚强有力的团体，从而能够顺利完成班级的既定目标。

白困惑：说得太好了，如果我本科的班长有你这感悟就好了。

周机灵：哈哈，哪儿有这么严重，其实在本科开学时我并不是班长，但是在以后的管理中，现任班长由于自身能力不足和管理方式的不合理，使班级在多次大型活动中表现很差，班级成绩更是年级垫底，因此遭到辅导员和班级同学的强烈反对，之后我才当上班长。我明白班长是班级的核心，掌握着班级的大方向，要想带好班级，自身必须具备强硬的素质。

白困惑：那你具体是怎么扭转班级局面的？

周机灵：在我担任班长以后，辅导员不断对我施加压力，督促我要不断提升自己，才能管理好班级事务。我在压力之下努力吸取前任的失败经验，不断加强交际能力、协调能力和应变能力以提高自己的综合管理能力。同时改变班级的管理方式，抛弃原来班长统抓统揽的局面，明确各班委的职责，在安排任务时责任到人，切实为班级同学服务而不是只为自己考虑，通过这些方式不断增加班级凝聚力，最终带领班级赢得了各项荣誉。

辰经纶：你们两个来了呀，在讨论什么呢？

白困惑：在讨论机灵当班长时的经历呢。

辰经纶：那天在朋友圈看着机灵的各种荣誉证书着实吓着我了，不过这也说明小周是一个十分优秀的人。

白困惑：是的，老师，我也有这样的感受。刚才小周说他如何凭借自己的能力成为班长及在成为班长后又是怎么扭转班级状况的事，让我知道了一个有能力的领导对于一个团体的重要性。

辰经纶：团体领导的做事方式、领导风格或者态度都会影响到团队中的每一个人。如果领导者强调当责，但本身并没有以身作则，那么要求别人就显得没有说服力；领导本身不愿意分享自己的经验，却告知别人要懂得分享，那又何其讽刺；领导强调团队合作，但却不融入团队，又怎么服众；领导者想团队变成什么样子，自己就要先变成什么样子，领导者自身的能力对团队的长远发展举足轻重。只有通过改变参与者的作用方式来达成目的。

周机灵：不如让老师给我们分析下课本的主要内容，然后我们再进行对照。

白困惑：是呀，老师您给讲讲吧。

辰经纶：好，我给你们讲讲。改变参与者的属性模式是指直接改变参与者的属性或作用方式，来让主体对客体的作用加强。改变参与者的属性是指将主体、客体或者介质的属性发生改变，让其成为更有利于机制运行的参与者。就如，选用有能力的班长以此改变班长的属性来加大对学生的管理。改变参与者的作用方式是指通过参与者本身的属性并没有变化，但是参与者之间的关系力度有所变化，从而让机制运行发生变化。例如，导员为早日改变班级形象，通过不断向班长施加压力，促进其更高效地做工作这样的方式，来完成管理目标。

周机灵：根据老师说的，可以肯定我们之前的理解大部分都是对的。这使我们对增加或减少参与者模式里内容的理解更加有信心了。

辰经纶：另外，“一个和尚挑水吃，两个和尚抬水吃，三个和尚没水吃”这句谚语几乎家喻户晓。体现了不同数量的参与者对机制的影响，通过增加或者减少参与者可以推动机制运行的效果。

白困惑：增加或者减少参与者的方式具体有哪些？

辰经纶：增加或减少参与者的方式有很多，不同的情况有不同的方式，比如通过引入竞争模式，引入监督或者评价者，引入协助者及减少阻碍者等来改变机制的运行。

周机灵：有一篇文章写的是这个故事的续集，故事是这么说的，不久之后，这座庙来了一个方丈，为了更好地管理这座寺庙，方丈立下了新的庙规。首先方丈从别的寺院调来一个和尚，说你们四个都要去挑水，谁挑得多，晚上饭加一道菜；谁水挑得少，白饭，没菜，其次如果表现得好，还有机会担任下一任住持。四个和尚听完之后拼命去挑，一会儿水就挑满了，并且在其他方面也表现很好。

辰经纶：这就是典型的引入竞争模式，这么做的目的是让参与者有做好事情的动力，引入同类参与者，形成竞争，来推动机制更好地运行。方丈的做法就是在客体引入竞争者，这是十分明智的策略，它常常比在客体引入竞争者更加节约管理成本。当客体之间有竞争时，客体通常就会为自身利益做得更加出色。

白困惑：这个续集还没有结束，又过了一段时间后，四个和尚认为方丈会偏袒某个人，于是要求方丈设立一个专门的监督者或评价者来保证结果的公平。于是，方丈调来一个监督者专门负责对四个和尚工作的监督评价，让他们具有公平感，从而保证努力工作。

辰经纶：引入监督者或评价者模式是指在没有监督或评价的前提下，引入具有监督或者评价作用的参与者，来保障机制更好地运转。这一方面可以通过引入监督主体的方式来实现，另一方面可以通过引入介质（第三方的评价者或者第三方的监督者来实现）。

周机灵：如此简单的寓言里竟蕴藏着这么丰富的机制设计知识，真是让我大开眼界。这也让我明白了在实际管理中，如果遇到困难，可以考虑在改变主体属性或者增加、减少参与者等多个方面来解决问题。

辰经纶：说得是，做研究要思维灵活，多方面思考问题。

白困惑：老师，改变参与者行为规则模式的概念是什么？

辰经纶：在不改变参与者属性和数量的前提下，通过改变参与者的做事规则，也可以改变管理机制的运行效果。当流程改变时，可能会引起参与者的利益模式发生变化，从而对管理机制的运行产生影响。

周机灵：有什么例子可以说明一下吗？我们感觉单单说概念还是比较抽象。

辰经纶：“田忌赛马”的故事就能说明这个模式。齐国的大将田忌，很喜欢赛马，他和齐威王约定，要进行一场比赛。他们商量好，把各自的马分成上、中、下三等。比赛的时候，要上等马对上等马，中等马对中等马，下等马对下等马。由于齐威王每个等级的马都比田忌的马强得多，所以比赛了几次，田忌都失败了。后来孙膑帮田忌出了主意：先以下等马对齐威王的上等马，以上等马对齐威王的中等马，以中等马对齐威王的下等马。比赛的结果是三局两胜，田忌赢了齐威王。还是同样的马匹，只是调换一下比赛的出场顺序，就得到了转败为胜的结果。后面的策略并没有改变参与者的属性和数量，只是改变了参与者的做事规则就改变了整个机制的运行效果。

周机灵：老师，这都是比较老的例子，那么有没有比较贴近我们生活的例子？

辰经纶：有呀！在中国，大多数火车站和风景区周边的小吃店都具有“脏乱差”的特点。

周机灵：是的，老师，这种现象在我国很多地方都比较常见，我记得我有一次坐火车出门，在火车站就被骗了，在火车站吃东西死贵，吃完之后还少找钱给我。

辰经纶：这是因为在火车站和风景区吃饭的人大多数都是过客，于是大多数店家就会抱着做“一锤子买卖”的心态，来获得一次性的最大收益。这是一种店家和客人之间一次博弈的结果。在这种情况下，通过引入竞争、加强监管等方式往往作用不大，并且还会增加管理成本。有种有效解决这种方法的策略就是，将店家和客人之间的一次博弈行为变成多次博弈行为。能达到这种多次博弈行为的策略是，将火车站和风景区周边的小吃店全变成连锁店，即使客人不会再在这周边的小吃店吃饭，也可能会在其他连锁店吃饭。所以连锁店不会为了做“一锤子买卖”而毁掉整个连锁店的品牌形象。

白困惑：老师，什么是博弈论？感觉是个很陌生的概念。

辰经纶：博弈论又称对策论，是数学领域的一个分支。博弈论的思想古已有之，我国古代的军事著作《孙子兵法》里的军事理论与治国策略，古巴比伦犹太法典中的“婚姻合同”等问题就蕴含着丰富的博弈思想。

周机灵：博弈论真正成为一个独立的学科，始于 Morgenstren 和 J. von. Neumann 合著的《博弈论与经济行为》一书。随着计算机技术的发展，博弈论被应用到越来越多的领域，成为人们解决问题的重要工具。

白困惑：老师，我明白了。

周机灵：老师说得很有道理，在治理过程中没有改变参与者的属性和数量的前提下，通过改变参与者的做事规则，来改变管理机制的运行效果。所以现在我们应积极推广连锁店，让顾客和店家的博弈由一次博弈变成多次博弈，从而改变火车站或者风景区这样人流量大的地方的脏乱差局面。

辰经纶：关于通过改变参与者进行机制设计的基本模式大概就这些内容，你们回去再自己研究研究，看看有什么不会的再问我。在学习的过程中一定要以课本知识为根本，同时结合实际例子来理解。

周机灵：好的，老师。那我们先走了，老师再见。

白困惑：不对呀，老师，还有改变参与者的组织结构这一节没说呢。

辰经纶：哈哈，我光着急去开会了，把这事忘了。

周机灵：要不老师您先去开会吧，这一节内容我感觉理解得差不多了。

辰经纶：小白你理解得怎么样？

白困惑：老师您讲讲吧，耽误您一会儿时间。

辰经纶：好吧，给你们说说。这一节比较好理解，而且小周也理解得很好了，我就给你们简单地梳理一遍，主要说前三个组织结构，小白你不会就和小周交流一下。

白困惑：好的，老师。

辰经纶：改变参与者的组织结构是指将参与者所在系统的组织结构进行调整，以改变参与者的做事积极性，从而改变管理机制。

白困惑：老师，什么是组织结构？

辰经纶：所谓组织结构是表明组织各部分排列顺序、空间位置、聚散状态、联系方式以及各要素之间相互关系的一种模式，是整个管理系统的“框架”。常见的组织结构形式包括直线制、职能制、直线职能制、矩阵制、事业部制等。这些不同的组织结构适用于不同的机制中，你们谁可以说一下各个组织结构的特点？

周机灵：老师，我来说一下直线制组织结构吧。

辰经纶：好的。

周机灵：直线制是一种最早，也是最简单的组织形式。它的特点是企业各级行政单位从上到下实行垂直领导，下属部门只接受一个上级的指令，各级主管负责人对所属单位的一切问题负责。厂部不另设职能机构，一切管理职能基本上都由行政主管执行。

辰经纶：直线制组织结构的优点是：结构比较简单，责任分明，命令统一。缺点是：它要求行政负责人通晓多种知识和技能，亲自处理各种业务。这在业务比较复杂、企业规模比较大的情况下，把所有管理职能都集中到最高主管一人身上，显然是难以胜任的。因此，直线制只适用于规模较小，生产技术比较简单的企业，对生产技术和经营管理比较复杂的企业并不适宜。

白困惑：老师，我对职能组织结构有一定了解，我来说一下吧？

辰经纶：嗯。

白困惑：职能制组织结构，是各级行政单位除主管负责人外，还相应地设立一些职能机构，如在厂长下面设立职能机构和人员，协助厂长从事职能管理工作。这种结构要求行政主管把相应的管理职责和权力交给相关的职能机构，各职能机构就有权在自己业务范围内向下级行政单位发号施令。因此，下级行政负责人除了接受上级行政主管人指挥，还必须接受上级各职能机构的领导。

辰经纶：小白你不是知道嘛！说得很好呀！职能制的优点是能适应现代化工业企业生产技术比较复杂，管理工作比较精细的特点；能充分发挥职能机构的专业管理作用，减轻直线领导人员的工作负担。但缺点也很明显：它妨碍了必要的集中领导和统一指挥，形成了多头领导；不利于建立和健全各级行政负责人和职能科室的责任制，在中间管理层往往会出现“有功大家抢，有过大家推”的现象；另外，在上级行政领导和职能机构的指导和命令发生矛盾时，下级就无所适从，影响工作的正常进行，容易造成纪律松弛，生产管理秩序混乱。由于这种组织结构形式有明显的缺陷，现代企业一般都不采用职能制。

白困惑：掌握得不是很好，没有信心。

辰经纶：对于知道的，你要大胆地说出来，只有说出来才能知道自己理解得错与对，还知道什么？

白困惑：好的，老师，那我再说说直线职能制。直线—职能制，也叫生产区域制，或直线参谋制。它是在直线制和职能制的基础上，取长补短，汲取这两种形式的优点而建立起来的。目前，我们绝大多数企业都采用这种组织结构形式。这种组织结构形式是把企业管理机构和人员分为两类，一类是直线领导机构和人员，按命令统一原则对各级组织行使指挥权；另一类是职能机构和人员，按专业化原则，从事组织的各项职能管理工作。直线领导机构和人员在自己的职责范围内有一定的决定权和对所属下级的指挥权，并对自己部门的工作负全部责任。而职能机构和人员，则是直线指挥人员的参谋，不能对直接部门发号施令，只能进行业务指导。

辰经纶：很好，理解得很准确。直线—职能制的优点是：既保证了企业管理体系的集中统一，又可以在各级行政负责人的领导下，充分发挥各专业管理机构的作用。其缺点是：职能部门之间的协作和配合性较差，职能部门的许多工作都要直接向上层领导报告请示才能处理，这一方面加重了上层领导的工作负担；另一方面也造成办事效率低。为了克服这些缺点，可以设立各种综合委员会，或建立各种会议制度，以协调各方面的工作，起到沟通作用，帮助高层领导出谋划策。

周机灵：老师，我们理解得也差不多了，要不您先去开会吧？

辰经纶：好，小白你理解得怎么样了？

白困惑：绝大部分都懂了，我不懂再问小周，您放心吧，老师。

第三章

且看深情归何处

关系设计篇

公务员
企业
创业
事业单位

关系存在于任何一种管理机制中，只是各种关系的比重不同。

关系有五个影响因素，分别为：职位、责任、权力、利益、情感，简称“职责权利情”。

职是前行者，责权利紧随其后。

在先天和后天两个维度上，“职责权利情”呈现出某种规律，这种规律可以用楔形模型进行形象化的展现和描述。其中，职位是半倒楔形的，责任是对楔形的，权力是倒楔形的，利益是双楔形的，情感是？楔形的。

白困惑：老师，今天想跟您讨论一个深刻的问题，这个问题对我个人也蛮重要的。

辰经纶：啊，什么事情这么严肃，先说来听听，关于什么的？

白困惑：是有关职业规划的。您看，像我们硕士毕业找工作，有政府机关、事业单位、企业多种选择，是人生中一个重要的分叉口，这一步的选择对一个人的一生是至关重要的。

周机灵：这是一定的，在很大程度上，毕业的第一份工作几乎框定了一个人的人生轨迹。小白，你马上就要面临这个关键抉择了哦。

白困惑：正是呢。所以今天想让各位帮着给分析分析……

辰经纶：其实像你刚才说的几种选择像政府机关、事业单位、企业或创业等，每一条路的利弊你自己应该也是大致明白的，要我说关键还是看个人的需求和追求。不过，今天你着重提出来了，我倒是挺有兴趣听听是什么原因让你这么困惑？

周机灵：小白，你不会想要创业吧？

白困惑：真的很不可思议吗？老师，您是不是也觉得这个想法蛮不靠谱的？

辰经纶：先不说靠不靠谱，这个我现在不好下结论。不过，我倒是很好奇，你怎么会有创业的想法？

白困惑：是这样，您知道我们家姐弟四个，两个姐姐已经工作有几年了，一个在事业单位，一个在企业。她们工作以后，每次家庭聚会都聊到自己的工作生活，总是听她们吐槽给别人打工特不容易，总得看别人脸色，关键是辛辛苦苦忙乎半天吧，赚的钱大部分还都入了老板的腰包。所以喽……

辰经纶：所以就想自己当创业老板了？

白困惑：是啊。最近，我们姐弟四个简单合计了一下，觉得大家可以一起投资创业，毕竟都是自己家人，不会有那么多的“勾心斗角”。

辰经纶：小白，创业不是你想的那么容易的。

白困惑：我们倒也没那么天真，我们心里也清楚可能会遇到各种各样的问题。正好知道您在管理方面深谙其道，就提前来向您请教请教。

辰经纶：既是这样，那我们就一起探讨一下。首先，你来说说如果公司开起来的话，你们的人员怎么安排？各自都担当什么职务？

白困惑：根据我们之前的商量，准备让老大当董事长，一是她年长，二是她投资的钱多，占的股份最多。（我们其余三个也都投钱，都算股东，股份相差不是很多。）我们想着，这样相互之间心理也平衡一些，不至于因为这个有太大的冲突。

辰经纶：这还是比较合理的。

周机灵：的确，而且一开始，大家一门心思都在怎么让公司立足上，再加上姐弟之间感情好，应该挺顺利的，至少是在短期内。

辰经纶：小周同学提到了一个很关键的词——“短期”，那么长期呢？是不是还会像刚开始那么顺利？如果不顺利，会有哪些方面的困难？

白困惑：这正是我想不到的。

辰经纶：企业最重要的是什么呢？

周机灵：自然是赚钱。

辰经纶：没错。从本质上来说，所有企业的最终目标都是为了赚钱，虽然赚钱很难，但更难的是赚钱以后的利益分配问题。在公司成立之初，主要是赚钱，还来不及仔细考虑利益如何分配，所以在这点上不会产生分歧。

白困惑：是的，事实上我们还没有专门对利益分配进行过讨论，只是说了一句，到时候赚钱了，这些都好说。

辰经纶：在创业阶段，这样自然问题不大。但当创业阶段完成以后呢？利润不断增加，这个时候你要知道，利益分配不当是非常不利于公司发展的，严重点可能还会导致公司倒闭。顺便问一下，你大姐结婚了吗？目前从事什么工作？

白困惑：结婚啦，在银行工作，我姐夫也是，但这两年金融业效益不好，工作环境和收入都不太尽如人意。

辰经纶：嗯，那可能就有更多的麻烦了。

白困惑：这怎么说呢？

辰经纶：公司的领导层或者说董事层只有你们几个的话，血缘的亲密感能让你们相处和睦，谁也不会多心。即使涉及分配利益，也完全可以按照股份比例分。

白困惑：对啊，正常都是这样处理的呀。

辰经纶：那么之后呢？公司步入正轨，收益增加的时候，万一姐夫觉得自己的工作不太理想，觉得还不如给自家公司帮忙呢，于是辞职也加入公司，这个时候情况就不一样了。

白困惑：额……我还是不明白。就算姐夫加入，他还能折腾出什么事来不成？

周机灵：我认为可能因为姐夫与你们的关系毕竟没那么亲密，到时候考虑更多的便是利益了，而一旦涉及利益，事情的发展往往就不可控了。

辰经纶：对，姐夫也不是有意要折腾出什么事，只是站在他的角度，他怎么说都是偏心大姐的吧，所以啊，做事的时候他会认为大姐操心最多，付出最多，但却没有额外的收入，会觉得收入不匹配，难免会因为类似这样的事情起争执。再者，姐夫进公司工作的收入又该给多少呢？

白困惑：这的确是个棘手的问题。

辰经纶：还有，公司一旦开得时间长了，周围的人也都知道公司还开得不错。然后或许某一天二姐的朋友想走个后门进公司工作。

白困惑：这是完全有可能的，我们是人情社会，在职场上靠面子，找关系是普遍存在的现象。

周机灵：但从公司利益出发，一旦开了这个先例，可能会一发不可收拾，导致公司“乌烟瘴气”。

辰经纶：长期来看，这也破坏了“物竞天择”的规律，好的没有留下来，相反的是坏的留下来了，那些没有真本事的人在工作岗位上创造不了大的价值，总这样下去企业的利益必然会受损，这种愈演愈烈的风气会使得整个公司发展速度放缓。所以说，管理一家公司，规范用人制度很重要，但却也是不容易做到的。

白困惑：哎，的确难，都没想这么多。

辰经纶：不过这还不是最难的。

白困惑：还有啊？这已经够头疼的了。

辰经纶：这就吓到你了，那还要我说吗？

白困惑：嗯！没事，您接着说。

辰经纶：你知道，在公司里贪污公款的事情也常有发生，万一这种事情发生，而且那个人还是你姐夫，你们该怎么办？

白困惑：啊？这真把我问蒙了。

辰经纶：真到那个时候，你们会通知相关部门立案审查吗？你们可能还没那么难抉择，对你大姐来说就相当纠结了。

周机灵：是啊，于公，你姐是公司的董事长，在这个职位上，她有自己需要承担的责任，需要为你们，为整个公司负责，从你姐和姐夫在工作场合“上下级”这种关系上而言，她应该秉公处理；可同时，他们毕竟是夫妻，感情深，在做选择时很难做到不顾及这一“情”吧。

白困惑：希望这样的事情不会发生吧。不过这也不是提前可以预料的，如果真要创业开公司，就要做好一切心理准备。

辰经纶：你看，聊到这儿，你对你们姐妹一起创业可能遇到的困难或者麻烦是不是心里有数了呢？其实，上面我们聊到的“利益分配”“用人制度”以及“对违规违法的秉公处理”这些问题都是企业尤其是家族式企业共有的，这里面牵扯了很多的关系，包括上下级关系、血缘关系、夫妻关系、亲属关系、朋友关系，有些相对稳定，有些则不稳定，有些强，有些又很弱，而且这种稳定性或强弱还往往会受到环境的影响而发生变化。

周机灵：哇，有点晕了，这些关系感觉“错综复杂”。有些关系是因为“职位”以及“权力”赋予的，如上下级关系；有些则是与生俱来的，如“兄弟姐妹关系”；也有些则是因为“感情”的因素，慢慢发展为不同的“夫妻关系”“朋友关系”等等。

辰经纶：整理得不错，事实上，关系的分类维度有很多种，除了你上面提到的几种，还包括关系的稳定性，关系的方向性，形成关系的原因是否符合管理规范的规定以及关系的固定程度等。

白困惑：那么在家族式企业管理中，到底该怎么处理这些关系呢？

辰经纶：不只是家族式企业，关系是存在于任何一种管理机制中的，只是各种关系的比重不一样。

周机灵：所以为了实现机制设计的目标，我看首先需要确定关系的类型。

辰经纶：没错，而且关键是要让机制中所有的对象都依照关系赋予的地位和角色运行。只是在机制按照设计好的关系类型运行过程中，必定会受到来自内部或是外部环境的影响，所以分析清楚关系的影响因素更重要。

白困惑：按照我们上面的讨论，“职位”“利益”和“情感”应该都是会对关系产生影响的重要因素吧。

辰经纶：除此之外，责任、权力对关系的影响也是不容忽视的，在上面涉及的“利益分配”“用人制度”以及“对违规违法的秉公处理”问题中都离不开对责任和权力的考量。所以，在管理机制中研究各种关系时，可以从关系的五个影响因素“职责权利情”出发，以更好地把握关系的本质，发挥关系的作用。

白困惑：听您一番分析，收获真是太大了，我回去把讨论的内容再消化一下。

蒹葭倚玉树，唏嘘高低现：职位

白困惑：老师，最近您让院里的学生去网上搜集整理各省市食品抽检合格率的数据，我按照您的指示给同学们布置了任务。到今天差不多两周过去了，我去问大家有没有完成，结果就有同学问我，“这是老师布置的作业吗？是不是老师让你来收作业的？”

辰经纶：是有同学不乐意，为难你了吗？

白困惑：他们倒也不是刻意为难，就觉得如果是我安排他们做这个事情的话，他们就……

辰经纶：这事还真有点意思，虽说是个小事，但里面涉及的问题与我们上次讨论的“职责权利情”正好有关，所以今天我们就好好说道说道这个事情。

白困惑：哈？这事有这么复杂吗？

周机灵：倒也不是复杂，但的确揭露了管理中的一些关键要素。

白困惑：怎么说？

周机灵：老师刚才不是提到了“职责权利情”嘛。从“关系”角度分析，因为你和他们都是辰老师的学生，并没有其他的职权，所以你给他们安排任务，他们难免会多想。

白困惑：多想？哦，难道觉得我在对他们“指手画脚”？

周机灵：当然啦，你不是也说了，他们问是不是辰老师让你去找他们的。很显然，如果是辰老师的要求，他们就觉得理所当然，为什么？因为老师这个身份在，就有权力指派他们。

辰经纶：正是这样，“老师”这个身份其实就是一种职位，如我现在给你个“助理”的头衔，你再去收作业估计情形就大不一样了。

白困惑：这么一说还真是这个理，怪不得每份工作都需要一个职位呢，而且还分那么多，大到国家有主席，副主席，总理，副总理；小到企业，仅市场营销类就分有销售总监，销售经理，区域销售经理，销售助理，客户经理，销售代表等。

辰经纶：在公司中，每个员工都有自己的职位，而每个职位都有自身的责任，这样员工才能“各司其职，各安其位”。古人说，“坐下来议论国家大事的是王公，站起来执行的是士大夫”。所以丙吉不管横在路上的死人，陈平不去了解国家钱粮的详细数目，说“自有主管官员”。只有“在其位，谋其政”才名正言顺。

周机灵：对，没有职位，则名不正；名不正，则言不顺；言不顺，则事不成。

白困惑：“名不正，言不顺”好像是说卫出公让孔子为他正名，孔子不答应的事情，这和职位也有很大的关系吗？

辰经纶：在古代，名不正言不顺则难以服众，难以服众便在行使权力采取行动时无人响应。这里面就包含两个层面的问题，都与职位相关，只是你还没意识到。

白困惑：哦？那是哪两个问题呢？

辰经纶：第一，卫出公贵为皇子，为什么还要赶走父亲即位呢？其次，在即位后为何还要孔子为其正名呢？

周机灵：卫出公虽然贵为皇子，但“皇子”的权力还不是最大的，估计卫出公野心大，想拥有更大的权力吧，所以才争取皇位。

辰经纶：对，你已经说出了关键，卫出公想拥有他期望的权力，就需要先得到皇位。一个人只有占据一定的职位，才拥有行使相应权力的资格，或者说，他才拥有相应的权力去进行实践。所以说，职是前行者，责权利紧跟。

冯热闹：“职是前行者”，好新鲜的说法。

辰经纶：另外，有时候，即使权力在握，也还是要追求一个职位，为什么呢？袁世凯已经是总统、当权者了，还要称帝，是因为他的儿子想当皇帝，然后好传给自己，为此还特意做了一份假报纸，让袁世凯误以为是大家拥戴他当皇帝。他儿子之所以这么费尽心思，也是因为只有父亲当了皇帝，才有权力在将来名正言顺地传给自己。不过也有特例，就是我们说的“无职有权”的特例，邓小平就是典型例子，但这类情况并不常见。

白困惑：我大概明白了，就像我们一个课题组，有研究员、博士后、博士、硕士，往往都是研究员带领其他人干活，或者博士后带领博士、硕士干活，然后紧跟着的便是相应的责任、权利、义务，这是职位赋予的。一般情况下，是不会出现硕士作为组长，带着博士后、博士干活的。这其中大概也是职位先行，责利情紧跟着体现，对吧？

辰经纶：看来你们已经理解得不错了，都能主动结合自己身边的事例。这样的事例有很多，“小学为什么要班长？因为需要一个名号，好组织大家”，诸如此类，班级的班长，小组的组长，国家的元首，这些职位的设置都是一样的道理。在管理中，要根据机制目标的需要，检查现有职位，弄清哪些是需要的，哪些是可有可无的，哪些是根本不需要的，保留和强化需要的职位，坚决清理和撤销可有可无和根本不需要的职位。只有这样，才能实现政府机构的精干化、高效化。职位的重要性体现在很多方面，不知道你有没有听说过海昏侯刘贺墓被挖掘发现的事？

周机灵：刚好看到过，有一段时间在网上讨论得很热闹。据说是南昌市新建区观西村附近的墎墩山上有一座古墓被盗掘，文物部门立刻对该墓葬周边区域进行考古调查。这一调查，厉害了，墓穴很深，而且散发出一股“奇异的香味”，内有大量的文物，经过研究才知道是海昏侯刘贺的墓。

辰经纶：对，他的墓完全按皇帝的规制设计的，追溯过去，才发现他原来真的当过皇帝！他自己还是把自己当作皇帝。相反地，在《女医·明妃传》里，英宗朱祁镇被瓦剌人俘虏后又率众逃出回国后，发现自己的弟弟朱祁钰已经登基了，那自己这个前皇帝怎么办呢？这时，事情又发生了戏剧性变化，弟弟朱祁钰竟然身体不好英年早逝了，朱祁镇就又当皇帝了。但是朱祁钰的遗体怎么办呢？该如何安葬，虽然他当过皇帝，但总不能按皇帝规制葬呀，不然在位的皇帝朱祁镇死后怎么安葬，辈分不合呀。于是朱祁钰就被贬为“藩王”，那他安葬在哪里呢？十三陵里是没有朱祁钰的，因为后来史书认为他不是皇帝。没有这个职，就不享受这个待遇。“职位”的重要性可见一斑。

周机灵：是啊，在现代社会生活中，工作是生成关系的重要方式之一，而且因为工作职位对关系的影响主要来源于职位所赋予的社会地位，这种社会地位不仅会在工作场合影响人们之间的关系，而且在其它非工作场合也会影响关系。

辰经纶：正是这样，所以许多人愿意付出很大的代价、冒着极大的风险去“谋职位”。但这也说明，由于职位占主要成分而带来的关系受后天因素的影响会占很大的比重，几乎不受先天因素的影响。因此，从先天和后天这两个维度运用楔形图来描述，职位是半倒楔形的。

周机灵：嗯，职位是人设定的，并非天然的，组织可以设计职位类别和对应的职责，员工可以通过后天的努力得到晋升。

辰经纶：这就是所谓的“职位分析”。一个组织从设立开始就会产生一系列工作任务，这些任务需要一些特定的人来完成。职位分析就是对组织中某个特定工作职务的目的、任务或者职责、权力、隶属关系、工作条件、任职资格等相关信息进行收集与分析，从而设置合理的职位并对职位的工作做出明确的规定，以及确定完成该工作所需要的行为、条件、人员的过程。

白困惑：说到这里，我想到一个词——“虚职”，这在大型组织中也不罕见，但应该不会专门设置一些“虚职”吧？毕竟“虚职”对完成管理职能意义不大，却会带来极大的财政负担。

辰经纶：这个问题提得不错。任何一个组织，都不会主动设有“虚职”，上面也提到，职位的设置是基于工作任务的，所以全部职位都有其本身的职责和完成职责所需的职权，也就是说全部都是实职。但随着组织规模的扩大，职位数量的增多，总会出现一些看起来不需要承担风险和责任的职位，虚职产生的原因也是多方面的。

周机灵：有些职位是“荣誉性”的，是作为奖励，“荣誉博士”就是其中一种吧。

辰经纶：奖励的需要是其中的一种，还有许多别的情况，比如组织战略发生转移，导致有些原有职位不再存在，但却必须对原职位上的人进行安排，于是就产生“因人设岗”的现象，其实该职位完全是多余的。还有些情况，占据某一职位，特别是领导职位的人或者是由于完成职责的能力不足，或者是由于身体方面的因素，或者是个性方面的因素，总之，不能较好完成相应的职责，而他的下属却有完成工作的能力，这时候极容易发生大量授权的现象，久而久之，就形成了实职虚化。

周机灵：这样的例子历史上就很多，例如，在唐高祖李渊消灭江南最大的割据势力后梁的战斗中，唐军的统帅为李渊的堂侄李孝恭，李靖是副统帅。但李渊又以为孝恭不太精通军旅之事，“三军之任，一以委靖”。李靖这个副官实际上已成为三军的真正统帅，李孝恭这个名义上的统帅在很大程度上被虚职化了。李靖就是托塔李天王的原型吧？

白困惑：那虚职一定是不利于组织管理的吗？或者说对管理目标的实现没有意义的吗？

辰经纶：这也不能一概而论。相反，有时虚职正是为了保持组织各方面的稳定，设置一些并无实际职责的职位来笼络各种人士。在北洋政府初期，袁世凯在京师建将军府，并设将军诸名号，而该将军府并无实权，一切公文都是借用陆军部印信，授将军号带“威”字头的均无军队指挥，纯粹是一种安抚大小武人的手段。

被生命询问：责任

白困惑：老师，最近我发现一件自己不太能理解的事情，我一个朋友对她现在的工作可谓是不满到了极点，但奇怪的是每次公司评优秀员工，她都榜上有名，我有点儿纳闷。您说，一个人若是喜欢一份工作，做得很出色，这是可以理解的；相反，若是不喜欢，工作完成得一塌糊涂，也是容易理解的。但像我朋友这样的情况，她是凭借什么做到这一步的呢？

辰经纶：你不是第一个对此类问题疑虑的人，我想也不会是最后一个。事实上，很多人对此都充满好奇和不解，为此多年前，有一位名叫艾尔森的著名心理学博士还做过一个专门的调查研究。

白困惑：哦？具体是怎么开展的？

辰经纶：他对世界100名各个领域中的杰出人士做了问卷调查，结果却让他十分惊讶——其中61名杰出人士承认，他们所从事的职业，并不是他们内心最喜欢做的，至少不是他们心目中最理想的。当时的艾尔森和眼前的你一样，也是疑虑的，他想，这些杰出人士竟然在自己并非喜欢的领域里取得了那样辉煌的业绩，除了聪颖和勤奋之外，究竟靠的是什么呢？

白困惑：那他想明白了吗？

辰经纶：为了解开心中谜团，艾尔森博士又走访了多位商界英才。其中，纽约证券公司的一位金领丽人的经历，为他寻找满意的答案提供了有益的启示。

白困惑：这位金领女士是什么人？有什么特别的？

辰经纶：好像叫苏珊，她出生于中国台北的一个音乐世家，所以从小就受到了很好的音乐启蒙教育，她非常喜欢音乐，期望自己的一生能够驰骋在音乐的广阔天地，但她却阴差阳错地考进了大学的工商管理系。她一向认真，所以尽管不喜欢这一专业，可还是学得格外刻苦，每学期各科成绩均是优异。毕业时还被保送到美国麻省理工学院，攻读 MBA，后来，她又以优异的成绩拿到了经济管理专业的博士学位。如今她已是美国证券业界的风云人物，在被调查时她依然心存遗憾地说："老实说，至今为止，我仍不喜欢自己所从事的工作。如果能够让我重新选择，我会毫不犹豫地选择音乐。但我知道那只能是一个美好的'假如'了，我只能把手头的工作做好……"

艾尔森博士直截了当地问她："既然你不喜欢你的专业，为何你学得那么棒？既然不喜欢眼下的工作，为何你又做得那么优秀？"

苏珊很自信，而且十分明确地回答道：“因为我在那个位置上，那里有我应尽的职责，我必须认真对待。不管喜不喜欢，那都是我自己必须面对的，都没有理由草草应付，都必须尽心尽力，尽职尽责，那不仅是对工作负责，也是对自己负责。”

在苏珊之后，艾尔森又走访了许多成功人士，发现他们之所以能出类拔萃，思考方式大致相同——因为种种原因，我们常常被安排到自己并不十分喜欢的领域，从事了并不十分理想的工作，一时又无法更改。这时，任何的抱怨、消极、懈怠，都是不足取的。唯有把那份工作当作一种不可推卸的责任担在肩头，全身心地投入其中，才是正确与明智的选择。正是在这种“尽其责，成其事”的高度责任感的驱使下，他们才赢得了令人瞩目的成功。

白困惑：原来那个神奇的力量是责任感。

周机灵：这让我想到了我国著名的词作家乔羽。他曾在中央电视台“艺术人生”节目里坦言，自己年轻时最喜欢的不是文学，也不是写歌词，而是研究哲学或经济学。他甚至开玩笑地说，自己很可能会成为科学院的一名院士。可他还是在并非最喜欢和最理想的工作岗位上兢兢业业，为人民做出了家喻户晓、人人皆知的贡献。我想这大概也是因为责任吧。

辰经纶：尽职尽责。在工作中，每个人在承担一份工作时，一般都设有一个职位，职位便赋予了一个人所谓的“分内应做的事”，这便是责任。所以，有人认为责任指的是，“任何一个有担当能力的人在社会生活中应承担的角色义务，属于道德范畴”。

白困惑：原来责任属于道德范畴，怪不得有人做得好，有人做得不好，毕竟道德约束是一种软约束。

辰经纶：责任还涉及了另一层含义，就是失责的情况，即“没有做好分内应做的事，因而应当承担的过失”。一个人只有承担起属于自己的那份责任，才能将自己与社会链接在一起，才能为社会所认可和接纳，也才能在社会中生存和发展。正如后现代主义者大卫·格里芬所言，个体是“关系网络中的一个交汇点”，是关系中的自我，一方面以自我的存在影响存在场，同时不断受到场的作用。人与人之间的这种相依状态使得他既要面对他人的挑战，又要为他人承担责任。

白困惑：关于责任，还经常听到“社会责任”，我有些困惑，责任和社会责任有什么区别呢？

辰经纶：这是关于责任分类的问题。我前面说过，责任包含“道德和法律”两个范畴的含义，从这点出发，就有了社会责任和职位责任之分。社会责任强调的是自己本身对于社会的认可与主动感受，更多地体现为一种内在的主观价值取向与个人伦理的自主性；而职位责任则是一种来自法律、组织并与其职位相关的显性的、被动的、外在的客观责任。

白困惑：说得有些抽象，您能举个例子吗？

周机灵：作为女儿，我有赡养父母的责任，不赡养会受到舆论的压力或道德的谴责，这就是社会责任；作为学生，我有完成老师给你布置的任务的责任，不完成，理论上就会受到惩罚，这便是职位责任。

辰经纶：责任对维护和稳定关系极为重要。在一个家庭中，同样是子女，有责任心的子女往往和父母的关系更加亲密；在工作场所，不负责的员工总是不招领导和同事待见，又怎么能形成或维护好长期良好的上下级或同事关系呢？将责任归因于自身与归因于同伴的差别对于维持人际间的亲密关系有重大的影响。不论是平常生活中还是工作职场上，不负责任的人都很难招人待见。

白困惑：嗯……那老师，责任关系用楔形描述是怎样的呢？

辰经纶：总结起来，其实人的责任来源于他在社会分工体系中的地位，而在相当长的历史时期中，社会分工以固定化的形式造成了社会的等级和身份，每一种身份都有与之相联系的责任，个人只有履行这些责任才能以与自己的身份相匹配。在先天和后天两个维度上，研究责任关系形成的过程，会发现部分责任关系会呈现出这样的规律——血缘（是先天的）在形成责任关系中占主要的成分；而随着时间的不断推移，后天也会在某一阶段相对比较集中地生成责任关系，如姻缘关系，而且伴随着姻缘关系的产生会同时带来其他重要的责任关系，所以我们说责任是楔形的。

了了江湖事，风云变幻定乾坤：权力

白困惑：老师，上次讨论时，您提到“职”是前行者，只有占据一定的职位，才拥有行使相应权力的资格。那么权力对于管理机制中的关系有什么影响呢？

辰经纶：这里需要特别强调一下，虽然职是前行者，但在管理体系中并不意味着职位一定能带来权力。事实上，职权的关系包括“有职有权、有职无权，无职有权”多种情况。之前在讨论时，我也提到过邓小平并没有担任过党的一把手，也没有担任过国家主席甚至国务院总理，但却被称为“第二代领导核心”。

周机灵：是啊，毕竟邓公的贡献大，即使在 1989 年他辞去了军委主席只担任顾问委员会主任，实际上他还是说了算的。

辰经纶：三国时的情况也出现过这种“无职有权”的情况。汉献帝从了曹操后，曹操虽无“皇帝”之职，但却是真正的幕后操纵者。这样的情况在国家管理中并不少见，甚至随着时间的推移，为了更好地实现管理目标，“职权”关系还会发生微妙的转变。说到这里，便不得不说一说日本“天皇制”权力的演变发展过程了。

周机灵：“二战”结束以后，日本的天皇制保留了下来，但天皇并无国政的权能。现在的天皇更多的是一种精神象征，并无实权，是典型的“有职无权”，也就是我们在前面讨论过的“虚职”。

辰经纶：没错。但在过去，天皇制是在“大化革新”时期仿照中国唐朝律令制度而建立和健全起来的，政治上建立中央集权制，从大化革新到平安时代初期，天皇名副其实“亲政”，掌握实权对国家进行统治。国家最高法律把管理国家事务的最高权力赋予了天皇，天皇成为一切重大国务的最高法律责任人。除天皇本人之外，还设立了帝国议会、内阁、枢密院、陆海军统帅部、官僚机构等直接隶属于天皇，即都是相互平行的横向权力结构。这是实实在在的“有职有权”，也是最常见的“职权”关系。

白困惑：关于有职无权，即“虚职”产生的原因我们讨论过了，可以理解。但是，在无职有权情况下，说明权力并非来源于职位，那来源是什么呢？

辰经纶：这个问题提得非常好。“组织理论之父”韦伯曾经提出，社会中存在三种权力，分别为：传统权力，超凡权力和理性—法定权力。你所说的邓小平这种情况，以及我们熟悉的专家权力，即“无职有权”便属于韦伯所指的超凡权力，这种权力来源个人知识、能力以及品质等各种因素带来的人格魅力，而“有职有权”的情况既可能是传统权力，也可能是法定权力。当然，权力还有别的分类。

白困惑：法定权力是容易理解的，是指来自于职位的权力，处于这种职位的人应该拥有特定的权力。但什么是传统权力？

辰经纶：传统权力是指通过上代遗传下来获得的权力，如在现实生活中这种传统的权力主要是承袭制的一些组织中，上面提到的天皇权力便属于这种情况。在以传统权力为基础的组织中，领导人的挑选不以能力为依据，而主要看其传统地位的高低以及对传统的理解和尊重程度；管理的目的似乎只是保存已有的传统，因此不需创新，不能越过传统的雷池。所以，传统权力使组织效率低下，只维持低水平的简单循环。可见，不同的权力类型对参与者关系以及管理效率的影响程度是不一样的。

周机灵：对，尤其像超凡权力，它本身并不具有强制性，在协调参与者关系中具有极大的灵活性。

辰经纶：权力来源于人与人的社会关系之中，又反过来作用于人与人的社会关系。在权力的实际运行中，权力并不直接显现，而是主动地自我遮蔽并通过行使者表达出来。所以，在权力的运行实践中，出现了“领导人发布规范或指令→相关工作人执行指令→民众接受指令→权力的目标性效果出现”的交互模式。因此，在管理机制中，为了保证组织稳定有序，一把手必须有足够的权威，包括正式和非正式的权威。

冯热闹：这是当然，一把手必须在某些方面优越于其他团队成员，尤其是要优于二把手。当一把手相对于团队的其他成员（尤其是二把手）没有权力差距时，就会产生不安全感，从而导致不稳定。

辰经纶：这就是“权力差距”，这种权力差距可以减少潜在的权力斗争，反而有利于团队关系融洽，从而维护团队秩序。许多组织都受到权力斗争和内部政治的困扰，有些组织甚至因此而失败和解体。之所以发生权力斗争，一个重要原因就是一把手相对于其他团队成员没有足够的权威，从而导致团队成员之间分庭抗礼。

周机灵：您提到的“权力差距”指的应该是法定权力吧。其实，我觉得在组织管理中，超凡权力的作用也不可忽视，例如下属对领导能力不认同时，由于上下级关系赋予的职位权力还在，所以下属的工作还是会执行，但心中多有不满，可能会导致下属辞职等不良后果。

白困惑：而且强调权力差距很容易形成集权，集权则容易造成专断和一意孤行，这也不一定利于长远发展吧？

辰经纶：所以说权力差距是一把双刃剑，既不能没有权力差距，也不能形成过高的权力差距。就目前而言，常规组织的权力关系是以明确的层级以及岗位和职位设置而确立下来的，表现为集权结构。集权在管理中也不见得不好，相反，这种集权结构是相对稳定的，权力边界是明确的，权力关系也是相对固定的。

白困惑：那有没有其他类型的权力关系呢？

辰经纶：当然有，比如在任务型的组织结构中，权力关系具有相当的灵活性特征，会因任务的需要而随时发生改变。在任务型组织内，成员之间是一种平等关系，这种组织可能会在理论上被认为是一种权力关系极其微弱的组织，但是，在任务完成过程中，又需要凝聚共识和形成合力，这时权力又是必要的。

周机灵：这么说，任务型组织的权力关系是任务导向的，是存在于任务执行行动中的，而不是以固定的组织结构体现的。

辰经纶：说得很对。我们通常提到的“权力”一般都指常规组织中的权力，这种权力是和具体的职位捆绑在一起的，是具体职位所表现出来的力量，所以我们经常将职位与权力连在一起使用，称之为“职权”。上下级之间的交流关系——命令和服从——主要是通过这种职权维护的。所以有人对此进行了一个形象化的描述，管理一座传统的等级金字塔就好像在工业时代操纵其他机器——更确切地说好像操纵一辆汽车或一台六角车床。操纵者必须做出关键性的决定来使机器的运转保持平稳，保证有足够的能源和零部件，在出现故障时进行修理。

周机灵：但是在一个有组织网络的信息时代，没有这种机器——只有不固定的聚合在一起的个人和单位在一个更大的社会关系网中各行其是。完成各项任务的组织实际上主要由上面控制的等级金字塔。各种组织将是因为利益或其他因素交织在一起的网络，如供应链上的各组织。

辰经纶：没错，权力也是组织间关系的重要因素，对供应链的有效管理有很大的影响。

白困惑：可是像这种组织间的关系，因为在很大职位不具有可比性，其相应的权力对对方也不一定具有约束力，那么权力又是如何发挥作用的呢？

辰经纶：企业还是可以通过使用不同类型的权力来影响合作者的决策。一些权力可能会引起冲突或者破坏成员间的长期合作关系，如强制权力；还有一些权力可能会增加成员间的认可，促进彼此的合作，如专家权力和认同权力。以专家权力为例，如果供应链中的供应商掌握制造商认为有价值的知识或技能，制造商就会把供应商看成行业的领导者，从而愿意对供应商进行关系承诺。讨论了这么多权力类型，最后，我们依然从先天和后天两个角度分析权力对关系的影响。

周机灵：像传统权力这种类型，应该是受到一些先天因素的影响多一些，但是其他权力类型主要还是通过后天的种种环境形成的。

白困惑：那这样说，也没法判断先天因素和后天因素哪个影响更大，所以是双楔形？

辰经纶：这样理解虽有一定的道理，但因为我们讨论的是可以设计的管理机制范畴内的问题，所以往往不太考虑世袭制的权力。因此，虽然是否会拥有权力在某种程度上会受到一些先天因素的影响，但是后天对于人或是组织会产生更大的影响，我们认为权力形成对关系的影响，可以用倒楔形来刻画。

“权力是这样一种可能性，即一个处于一种社会关系中的行为者能够执行他自己的意愿而不管他人的反对，并且无视这一可能性依据的基础。”

——韦伯

趋利本如是，无利难相容：利益

白困惑：老师，今天该讨论“利益”因素了。

辰经纶：对，利益。利益，是我们再最熟悉不过的了。追求利益是一切人类社会活动的根本动因，而且人们对利益的追求会对自己行为产生重大的决定性的制约作用。正因如此，利益对关系的影响非同小可。有没有听说过“管宁割席”的故事？

白困惑：没听说过……

辰经纶：管宁割席讲的是，在魏晋时有个叫管宁的读书人，一次与华歆在园中种菜，见地上有块金子，管宁照样锄地不停，华歆却拾起来看了看才扔掉。又有一次，两个人在一起读书，门外恰好驶过大官的马车，管宁仍然专心致志地读下去，但华歆却丢掉书本出门观看。通过这两件事，管宁觉得华歆这个人贪慕钱财，热衷于功名，不是自己志同道合的朋友，于是在华歆外面玩够回来后，管宁拿出一把刀子把他们坐着读书的席子割成两半，便与他绝交了。

白困惑：这个故事讲的是“道不同不相为谋”，管宁貌似淡泊名利，而华歆相对世俗一些。不过因为这样就断绝朋友关系，有点过分了，至少我是这样认为的。

辰经纶：这就是受我国传统道德观的影响，中国自古以来就强调看重清高，蔑视权贵，认为追求富贵是非常可耻的。不过到今天，人类的利益观已经发生了很大的变化。马克思就说过，人们奋斗所争取的一切，都同他们的利益有关。天下熙熙，皆为利来；天下攘攘，皆为利往。所以啊，追求利益没什么不对，也没什么不好，我们应该正视它。

周机灵：对啊，当今社会，我们讲究“亲兄弟，明算账”，没必要不好意思，把利益摆在桌面上算清楚，并不伤和气。

辰经纶：人与人相处是这样，企业的日常经济活动中也是一样的。兄弟单位之间的合作屡见不鲜，如集团与集团之间、集团内部之间，或联合投标，或专业合作，因为通过这些合作可以整合资源，优势互补，实现互利共赢。但同时，从利益关系上看，每个组织都是一个经营实体，所有经营活动都有成本投入，在有交易成本的前提下，只有利益界定明确，才能实现资源的最优配置。

周机灵：可现实中，往往由于各方关系密切，低头不见抬头见，以至于在“亲情”面前抹不开面子，不好意思“把丑话说在前面”，导致在验工计价、资金拨付、利益分割等方面常常会出现纠纷，即使把“官司”打到上级单位那里，往往也是“清官难断家务事”。诉诸法律的成本就更高了。

辰经纶：正是这样，所以说，为了协调各种关系以更好地实现管理目标，各参与者皆应正视利益这一问题。另外，利益的核心问题往往是与经济利益相关的，但是在不同的时间与地点，随着经济主体的不断变化，利益有多种表现形式，如政治利益、文化利益、宗教利益、军事利益，或者说来自社会利益、集团利益与个人利益，或者说物质利益与精神利益等等。不过，经济利益是核心，其他利益就是围绕在经济利益周围不同层面上的表现。

白困惑：可是，一般来讲，人们之间特定的利益关系往往会形成利益矛盾或利益冲突。为了利益，反目成仇的也大有人在。

辰经纶：对。正因如此，利益关系结构的协调是一个关键问题。我们之所以强调正视利益，其实也是为了更合理地分配利益，更好地协调利益关系。利益是行为主体创造出来的，最终在社会中按照某个特定的规律分配给不同的行为主体。而这种分配首先是以一种协议或者是强加的制度为基础的，以统治阶级的意志为转移在不同社会阶层中进行的分配；其次是在阶层内部以团体的方式占有利益；最后在团体内部进行协调来分配利益。任何一个社会、一个阶层、一个团体乃至一个家庭，其和谐与稳定的基础都是利益协调是否比较充分。

白困惑：利益协调，这个好抽象。

辰经纶：听起来是有些抽象，为了更好地说明利益协调的含义，我们将其与利益分配一起来说。在经济学中，利益分配的提法不是很多，因为即使是经济利益的分配，个体的利益加总也不一定是总体的利益。

周机灵：对啊，更何况利益往往还包括精神利益，而且有的人偏注重物质利益，而另外有的人则更追求精神利益，但从长期来看，物质利益与精神利益又都具有一定的不可替代性，也就是说，一般意义上的行为主体不可能在长期内不注重物质利益而单纯注重精神利益。

辰经纶：所以说，在利益关系中更合理的观点应该是利益协调，具体说来就是让不同的人享有不同的“好处”。

白困惑：不同的“好处”？这怎么理解呢？

辰经纶：比如，在以个人为单位的基层社会系统中，人与人之间的好处表现出来的是经济上的好处，也就是说大家追求的是经济利益。那么随着层级的上升，如团体与团体之间的好处，表现出来的往往首先是经济上的利益，但这并不是唯一的，因为他们还要考虑政治利益。然后再往上到了社会的最高层级，如国家与国家时，表现出来的已经不是以经济利益为表象的追求，而是综合考虑政治利益、军事利益乃至宗教利益与文化利益等的追求。

白困惑：这些更多的是经济学、政治学层面上的利益，在管理领域内，利益又指向哪里？

辰经纶：反驳得不错，现在我们言归正传，说说管理中的利益。在管理领域中，利益往往与责任、权力三者放在一起，研究它们之间的关系，并认为责权利是相互匹配、统一的关系。

周机灵：我认为，职责与权力、利益之间的关系就如一个三角形的三个边，它们是对等的，有这样的职责，就要赋予它相等的权力和利益。否则，管理者责大权小或有责无权，凡事都要请示上级，由上级决策、批准；或责大利小、有责无利，就不可能发挥其主观能动性，管理也就不可能卓有成效。

辰经纶：关于这点，我想起一个极有意思的例子。《红楼梦》里的王熙凤，都熟悉吧？这个人前后两次主持治丧，一次是办理秦可卿的丧事；一次是办理贾母的丧事。第一次，王熙凤大刀阔斧，治理整顿，使宁国府由乱而治，宁府内外料理得井然有序，妥帖周详，为上下所称道；而后一次，王熙凤嚷破喉咙，吐血昏倒，贾母丧事被闹得七颠八倒，不成事体，怨声载道。

白困惑：这就奇了，同一个人，能力是有的，她的地位也就是我们说的职位没有变，怎么救出出现差别如此大的两个结果呢？

周机灵：在古代，外事由男子主持，内事由女子主持。王熙凤的职责就是主持治丧期间的“内事”。这个职责，不仅王熙凤清楚，请她主持内事的贾珍和叫她“总理里头的事”的邢、王二夫人也清楚，其他的家人、下人都非常清楚。所以可以确定的是，职责是明确的，王熙凤也无师自通地明白这个道理，因此，她在协理宁国府，走马上任后，便建立了宁府各类人员的岗位责任制，把任务落实到人头。

辰经纶：对，王熙凤是个聪明的女子，治丧的流程和各项任务她内心都是清楚的，那你说是执行的人的问题吗？也不是，因为前后都是同一批佣人。

白困惑：对啊，所以呢？到底是因为什么？

辰经纶：别急呀。用红楼梦的语气应该这样说，听老夫细细道来……在王熙凤协理宁国府以及办理秦可卿丧事的时候，她先是取得了邢、王二夫人的应允，然后贾珍命人取了对牌给她，还说到，妹妹爱怎么办怎么样办，要什么，只管拿这个取去，也不必问我。只求别存心替我省钱，要好看为上；二则也同那府里一样待人才好，不要存心怕人抱怨。只这两件外，我再没有不放心的了。这“对牌”是什么？

周机灵：权力呀，拿着它想要什么取什么，想使唤谁使唤谁。

辰经纶：正是。她大权在握，欲行便行，事无不举。可是在她举办贾母丧事的时候呢？贾府开始衰败，王熙凤虽有职，却没有真正获得决策的自主权。“不管事的”贾政、邢、王二夫人“人人说得话”，而且“一人一个主意”，反而是主事的贾琏、凤姐说不上话。他们有责无权，不能自己决定怎样利用贾母留下的钱办丧事，邢夫人一片私心一味节俭“死拿住钱不放松”，“外头棚杠上要支几百银子”，“他们都说有，先叫外头办了，回来再算”，可王熙凤、贾琏是刚被抄了家的人，哪儿来的银子垫付？下人见贾府败落，谁愿意垫付银子给他们？可见，王熙凤当时是内外掣肘，根本使唤不动下人。她的上级邢夫人“不想到自己不令凤姐便宜行事，反说凤丫头果然有些不用心”。王夫人也偏听不明只知埋怨。这还是其一。

白困惑：那其二呢？

辰经纶：其二就与利益相关了。王熙凤最初是为了满足她的被尊重和自我实现的需要而接受贾珍的请求的。她要在全族人面前表现出她的聪明才干。贾珍的请求，贾珍的全权授予和信任，贾珍“另外吩咐每日送上等菜到抱厦内，单预备凤姐”等做法，都在一定程度上满足了她的自尊心。后来她措施得力，威重令行，人人称道，心中更是得意。

周机灵：这要按照马斯洛需求层次理论，可是最高层次的需求，是精神层面的，毕竟在贾府有威望时，她是不需要担心物质利益的。

辰经纶：但在接受治贾母丧的委授时，虽然她知道“本不应辞”，但她还是算计过风险和利益，而计算的结果是“不致落褒贬，必比宁府里还好办些”。她以为，接受这一委任不仅没有风险，还可获得再展雄威的利益。可谁承想，由于“上级”的权力欲太强，她不仅没有实现她的利，反而连多年辛苦挣来的脸面都保不住了，事情又怎么能办好？从前、后两次治丧分析可见，所获得的责权利对等程度不一样，会直接影响管理的有效性。

周机灵：管理活动的成败，要明确和均衡不同利益相关者的责任、权力和利益。管理活动的主体是人，一旦三者权衡不当，就无法很好地调动人的主观能动性。王熙凤的事例中是“权、利”不足导致失败，同样地过多也会引起隐患。

辰经纶：没错。“过多”导致下属单位或个人滥用财权，全局利益受损的情况更常见。大家回去以后多了解一些。总之，利益关系是伴随人一生的关系。对于利益在社会关系中所占的比例和将对我们社会关系等产生的影响，在先天和后天两个维度上，我们认为利益对人们的影响是大同小异的，可以用双楔形形象地说明，这点不难理解吧。

白困惑：嗯，多谢老师指导。

辰经纶：那今天就讨论到这儿吧。

且看深情归何处：情感

辰经纶：在开始今天的讨论前，我先问一个问题。小周，媳妇和老妈同时掉进河里，你先救谁？

周机灵：呀！老师，您这问题有些老套哈，不过太难回答了，这可是让全世界男性最头疼的问题了。

辰经纶：那我稍微变换一下这个问题，比如，领导和媳妇掉进河里，你先救谁？

周机灵：这个容易一些，我想会先救媳妇吧。

冯热闹：回答得挺干脆，毫不犹豫？

周机灵：这没那么为难吧，领导和媳妇哪儿能相提并论？

辰经纶：我问你，领导和你是什么关系？

周机灵：上下级关系。

辰经纶：他对你重要吗？

周机灵：人家是领导，手里有权，平日里叫我做什么，我就得做什么。而且我的事业有一大半还仰仗他提拔呢。不过我领导人挺好的，工作中对我多有关照，我在私下也把他当朋友。

辰经纶：那媳妇呢？

周机灵：媳妇是爱人，而且我们夫妻感情很好，为了她我愿意做任何事情。虽说领导和媳妇对我都很重要，但亲疏远近还是有很大差别的。

辰经纶：曾经有调查表明，遇到火灾逃离现场后，发现家人没有跟着跑出来的回返率要比发现朋友没有跟着跑出来的回返率高得多，但是，却很少有研究显示人们会为了领导或是自己的利益对手而冒着生命危险重返危险救援。这里面所涉及的正是我们今天要讨论的“情感关系”。在机制运行过程中，事物之间存在的情感关系在某些时候可能会超出利益和权力的界限。

白困惑：这话听起来很有道理，但说不上来，还是觉得不能完全理解。

辰经纶：那我们还是举例子来说明。在中国古代，常常通过“和亲”就可以使两个对立的民族之间停止战争，捐弃仇怨，转而建立和平、友好、亲睦的关系。日本也有类似的事情，丰臣秀吉在遭到织田信雄和德川家康联合反对，战况不利的情况下，为了最终完成统一大业，不惜把妹妹嫁给了家康，还把自己的母亲送去作人质。

周机灵：这让我想起了刘备娶孙尚香的故事。两人并无爱慕之情，也互相不了解，甚至互相猜疑，但为了各自政权的稳固，结合在一起。事实也证明，联姻后，虽然婚姻生活可能不尽如人意，但在此后较长一段时间之内，吴蜀相处和谐，曹操不敢轻举妄动。

辰经纶：对，是有这么回事。不只是在政治中，在管理中，情感因素同样也是无法回避的，必须受到充分重视。

白困惑：但是这种寄希望于“情”的设计来达到目的，可靠吗？

辰经纶：很难说，尤其是在管理中，是很难说清楚的。情感关系是一种什么样的关系？它指的是由血缘或是其他相互吸引的人格魅力而表现出的相互之间密切关注、荣辱与共的主观感受而形成的相互影响的作用，如亲戚关系、夫妻关系、朋友关系等。

在情感关系中，姻缘关系是可以因为感情破裂而随时终止的，朋友之间的关系也可以随时因为意见不合而终止。但也有像血缘关系这种相对比较稳定的关系，是不以人的意志为转移的。例如，父母在孩子遇到危险的时候，通常会舍命救孩子；而一般朋友很难做到这种程度。家族企业中，哪怕孩子再不争气，也要把企业让他继承。所以，感情因素大致上是先天因素大于后天的楔形模型，先天因素总体上要大于后天因素。

白困惑：那情这东西到底什么时候讲，什么时候不讲呢？

辰经纶：法国企业界有一句名言，“爱你的员工吧，他会百倍地爱你的企业”。说的就是在企业管理中，感情投入可以获得令人惊异的回报。但情感投入过滥会失之于宠溺，情感投入严苛又会失之于冷酷，都无法达到良好的管理目的。更何况感情是一个特别脆弱的东西，在前面积累了很多，但是因为一件事突然就可能没了。比如，我和我硕士的导师感情很好，和博士导师就有所不如。

原因多是在承诺上。博士进门时，导师说要给我出国的机会，后来没兑现。所以后来我给你们的承诺，都是加条件的。

白困惑：那么如何才能把握好管理中情感因素的“度”呢？

辰经纶：不知你是否听说过石油大王洛克菲勒对待下属的一个故事。一次，他的下属贝特福特独自负责一桩南美的生意，不过他失败了，而且输得特别惨。贝特福特认为下次的董事会一定会受到洛克菲勒的严厉批评。在公司的董事会上，洛克菲勒没有批评他，而是充满理解地说，“大家都明白你确实尽力了。我相信在这件事情上没有人会比你做得更好，而且，现在我们正在计划让你重整旗鼓……”正是这一席话，让贝特福特深受感动，先前的抑郁一扫而光，重新找回自信，进而高效地工作。

周机灵：了解情感需求的确很重要。您看这个时候贝特福特需要的是鼓励，洛克菲勒深知这一点，所以对症下药。试想，如果当时洛克菲勒一时生气，痛批下属，反而可能导致贝特福特工作效率下降，最终损害的还是企业的利益。

辰经纶：悟性不错，理解也很深刻。的确，不同的群体有着自己不同的心理特征，有着不同的感情走向，每一个个体又都有着自己群体之外的独特个性和感情需求。想要管理有的放矢，取得切实有效的管理效果，必须从群体和个体两个层面了解管理对象的情感诉求。但是仅仅靠这一点是不够的，在此基础上还要正确引导情感走向。20 世纪 80 年代，中国的家电市场供不应求，海尔的产品更是经常被一抢而空。海尔职工中很多人都有一种骄傲自满的情绪，随之而来的产品质量因为责任心的问题下降的可能性骤然增大。海尔总裁张瑞敏抓住一个产品质量的问题当着职工的面，亲手抡起大锤，怒砸质量有问题的冰箱。通过这一行为，张瑞敏不仅强调了质量意识，更重要的是用自己手中落下的大锤，把员工中沾沾自喜的不良情绪引导到了冷静自律的工作态度上来。

白困惑：根据情绪产生的过程和发展的趋势因势利导，引导情感走向正确管理方向的轨道，的确很重要，但是也不容易，我觉得这需要管理者极大的耐心和细心吧？

辰经纶：是的，不过这些都是原则上强调应该这么做，在实践中能做到什么程度便因人而异了。

白困惑：老师，您看上面说的两点，一点是要把握他人情感需求，这就好像需要窥探他人内心；二则是要在了解情感需求的基础上还要引导不良情绪，我觉得这是蛮难做到的，尤其是管理者也不见得有这份耐心。有没有一些比较直截了当、更容易的方法呢？

辰经纶：最直接的便是沟通。在很多工作单位都或多或少地存在着“官本位”的不良习惯。许多以“官员”自居的管理者或高高在上，对员工的情绪变化不闻不问；或任人唯亲，对与自己亲近的人“吃偏饭”，处处照顾。

这种“官场”的习气或冷漠，或偏袒，在人事管理中貌似感情色彩颇浓，但往往会引起被管理者或旁观者的强烈反感，无异于高效管理中的毒瘤。

周机灵：另外，我觉得及时反馈评价也是在管理中利用好“情感”这一因素的很有效的手段。通常情况下，管理者会因为多方面的原因隐匿或拖延对员工的工作效果、工作成绩的评价。这在管理中往往会带来员工情感的变化，有时甚至成为影响正常管理的因素。适当而及时地对员工的工作情况以及管理层对他们工作的看法进行反馈，不但可以帮助改进工作，本身也是情感交流的一种手段。

辰经纶：哎，没错，著名的“赫洛克效应”，就揭示了及时对工作结果进行评价，能强化工作动机，对工作起促进作用的心理机制。心理学实验表明，在现实工作中，管理者应经常用积极的语言来表扬和奖励员工，让员工感受到管理者对自己工作的认可，体验到工作成功带来的喜悦。所以说，管理者在使用反馈的时候要讲究策略，对不同的人员、不同的任务，在不同的条件下正确灵活地使用信息反馈，保持客观公正的态度，这样才能赢得员工的信任，评估结果和反馈的建议才容易被接受。

周机灵：所以说，有效的管理必须立足于情，成员之间、应有互相关心、互助友爱之情，努力营造团结、和谐、温暖的人际氛围，这样才有利于协同完成好工作、生产任务，最终将各项计划和管理目标落到实处。

白困惑：但是光有情远远不够吧？不是有句话嘛，光有情没有理的管理难以服人，光有理没有情的管理不通人性。

辰经纶：不只是情理的平衡，其实中国的管理模式是“情理法”的集合体，首先是在合情的前提下去追求合理，最后才依法办事，其中“理”是位于中间，是最重要的，但“情”是基础，是“理”的根基，最后才轮到“法”。这点与西方国家的管理思想大有不同，你们知道西方奉行的是什么吗？

周机灵：“法理情”，把法放在第一位，情和理要服从法，所以西方崇尚刚性制度管理。

辰经纶：没错，这是中西方不同文化理念的产物。美国西尔斯百货的办公大楼下面有两个天条：别动西尔斯的钱，别动西尔斯的女人。这就是企业中的法，是天条，任何人只要违背了这个天条就会被逐出公司。可见，西方管理中法是首要的，是企业管理的根本，是没有余地的，是最无情的，企业任何人都要遵守，这个法的适用范围是整个公司、是所有人。

周机灵：老师，每次有什么问题，我们总是只能想到冰山一角，但您却总能由点及面阐释得更全面、更深刻。

冯热闹：所以说老师是老师，而你不是。

白困惑：真的是，每每听老师一席话，都很受启发！

辰经纶：你们又向老师输送正面积极的“情”了，我领了。

第四章

时光荏苒胜白驹

时间设计篇

驾校餐厅

驾校专车
12:15发车

时间是可以被“设计”的，而且通过合理的设计可以更好地实现管理目标。

时间规制设计可以通过对时间的三个维度——时间点（包括时间起点、时间终点和黄金分割时间点）、时间长度、时间周期的设计而实现。

时间规制设计的基本模式主要包括固定模式和变动模式两种。

辰经纶：今天我们来讨论管理机制设计中的时间规制问题。我问问，提到时间，你们想到的是什么？

周机灵：哈哈，老师，您一提到时间，各种名言警句就从我脑子里蹦出来了，从小到大，老师、家长为了让我们抓紧时间好好学习，把成绩提上去，总是告诉我们，“一寸光阴一寸金”“少壮不努力，老大徒伤悲”“逝者如斯夫，不舍昼夜”……这些珍惜时间的句子从小可没少背。

白困惑：“时间都去哪儿了，还没好好感受年轻就老了……时间都去哪儿了，还没好好看看你眼睛就花了……”，老师，提到时间，我只能感叹时间都去哪儿了？每天忙忙碌碌，却不知道忙了些什么？

辰经纶：有意思，同样是谈到时间，小周的潜意识里在提醒自己要珍惜时间，时间是资源，好好利用才是明智之举；而小白对时间却表现出了“不知去哪儿了”的无奈，和对时间“没有什么成就”的忧烦。好多人觉得自己的生活总是一团糟或者容易灰心、焦虑，或者是像小白一样觉得没有多大的成就，这都是因为缺乏时间管理。可是我们总嚷嚷时间管理，时间到底是什么呀？时间的本质是什么？

周机灵：时间就是金钱，浪费多少时间，就浪费多少金钱。

辰经纶：这话没错，你说出了时间的价值。我们姑且把时间比作金钱，那我们想想，平常如果我们想要让自己的账户上有更多的存款，都有哪些办法？

周机灵：这个无非就是开源或节流吧。

白困惑：可是时间多少是固定的，对任何人或任何组织而言，都是一天 24 小时，谁也不会比谁多，怎么开源？再说节流，虽说时间可以比喻为金钱，但它却不能像金钱一样积蓄储藏，对吧？

辰经纶：哎，小白这次算是说到了关键，时间是无法开源的，也无法节流。可时间又是不可替代的，我们做任何事情，开展任何活动都必须依赖于时间，而且一旦消耗，便无法失而复得。

白困惑：这样说起来，好像我们拿时间没有办法了一样？那我们应该怎么对待时间呢?

辰经纶:“拿时间没办法”这话像是等着被时间主宰一样。其实时间是可以被掌握的或者时间的分配是受个人意志所控制的。时间既是一种资源，那在人的主观能动性下，我们就可以经过合理设计提高对时间的利用率。同样的时间，不同的人、不同的组织创造的价值却不同。

周机灵:这大概就是时间管理起的作用吧。

辰经纶:没错。不只是对于个人，在管理中，时间也是一个不容忽视的因素，有人说，“现在的市场竞争模式已经由大鱼吃小鱼向快鱼吃慢鱼转变”。所以，在管理机制设计中，我们有必要把时间因素作为重点研究范围，进行时间规制方面的设计。

白困惑:可是，什么是管理机制中的时间规制呢?可以具体地举个例子来说明一下吗?

辰经纶:在管理中，关于时间设计的例子其实还是有不少的，比如快递业的出现与发展，弹性工作时间模式等。

周机灵:“弹性工作制”是与传统古板的“朝九晚五制”相对应的，最大的好处就是可以使员工更好地根据个人的需要安排他们的工作时间，所以员工更可能将他们的工作活动调整到最具效率的时间内进行，这确是通过合理的时间设计以达到促进生产率的目标。

辰经纶:是这样。每个人的风格、习惯都不相同，传统的固定工作时间制是一种比较僵化的方式，不能适应所有人的需要，所以无法发挥出人的最大效率。在欧美，超过40%的大公司采用了“弹性工作制”，其中包括施乐公司、惠普公司等著名的大公司；在日本，日立制造所、富士重工业、三菱电机等大型企业也都不同程度地进行了类似的改革。

周机灵：嗯，不只是欧美和日本，在我国，也有越来越多的企业开始实行“弹性工作制”，尤其是在雾霾比较严重的北京。许多公司规定，在雾霾预警期间，员工可以选择在家办公，这样既有利于员工的身体健康，也不耽误员工工作任务的完成，最关键是这种人性化的制度对提高员工的工作积极性极有帮助。

白困惑：那快递业呢？

辰经纶：快递行业，最大的特点就是“快”字，能够在极短的时间内将物品准确地运达到目标地。可以说，快递业就是基于“时间设计”的一种盈利模式，对传统的邮政运输业造成了极大的冲击。

白困惑：但是快递业“快”的代价便是成本的增加，快递运费可比普通的运输方式贵，这是不是不合理呢？

辰经纶：你所指的合理性问题是相对的，这取决于客户对“寄件”的时间需求，快递业之所以可以盈利是因为满足客户对时间需求而增加的增值比成本的增加值更大。而且针对客户对时间的需求差异，快递公司一般都提供两种或更多的服务种类，如“特快专递”和“一般快递”。

周机灵：快递公司为了更好地生存和发展，还真是在“时间”

这一要素上下了不少的功夫。

辰经纶：所以说，时间是可以被“设计”的，而且通过合理的设计可以更好地实现管理的目标。

白困惑：但一开始应该从哪儿着手去“设计”呢？

辰经纶：要回答这个问题，就不得不提到时间的维度了。时间有多个维度，在管理机制设计中，我们可以从各个时间维度去分析，考虑有没有被设计的可行性。那么，对于时间的维度，你们怎么理解呢？

周机灵：时间的维度啊，我觉得不外乎就是指时间的分类或者也可以说是时间的属性，比如开始时间、时间长度、截止时间、周期等。

辰经纶：理解的大致方向是没错的，只是不够系统化。关于时间维度，不少学者进行过专门的研究，各观点间存在一定的差异。比较公认的时间维度包括：时长、时域、时序、截止期、缓冲时间、周期、节奏等。例如，快递服务主要是从“时长”的维度进行设计，而“弹性工作制”则涉及“时长”“周期”等多个维度。

白困惑：这么多维度，看来进行时间设计也不是一件容易的事情。

辰经纶：这个自然，理论上，时间的每个维度都可以被设计，但在不同环境中，不同维度设计的可操作性不同。在我们的时间规制设计模式中，考虑到模式设计的应用广泛性，主要探讨在时间点（包括时间起点、时间终点和黄金分割时间点）、时间长度、时间周期三个维度的设计。

白困惑：嗯，好的。

辰经纶：那今天就先到这儿吧，下次我们再展开详细讨论吧。

周机灵：好的。

分别何道早，归来何谓晚：时间点设计

辰经纶：我们接着上次的讨论，首先从时间点这个维度开始吧。

白困惑：好的，老师。

周机灵：时间点的话，有起始时间和结束时间，那时间的设计应该就是通过改变它们来更好地实现机制目标吧？

辰经纶：对，也可以称为时间起点和时间终点，除了这两个，还应该包括时间中间点。

白困惑：时间中间点指的是？

辰经纶：时间中间点是类似时域的概念，时域你们知道是什么意思吗？

周机灵：大致是指活动或任务发生在时间轴上特定点或者关键点的位置吧。

辰经纶：没错，就是这个意思。在进行时间点的设计时，有时需要固定，也就是说需要事先将活动或任务完成过程中的几个重要时间点确定，作为机制中的相关主体执行任务或活动的时间参照点或奖惩的参照点；有时需要时间点变动，因为机制中的元组可能发生变化，或

者是机制外部环境中的某些要素会发生变动，这就要求时间机制也需要适时地发生变化以与环境重新协调一致。

周机灵：那就是说总体上包括固定和变动两种设计模式吧。根据管理机制目标实现的需求，再进行合适的选择。

辰经纶：对，所以具体来说，时间点的设计就包括六种，时间起点固定、时间中间点固定、时间终点固定、时间起点变动、时间中间点变动、时间终点变动。其中，固定模式在管理活动中是非常常见的，尤其是时间起点固定模式。你们能不能想到一些相关的例子？

周机灵：呃……我刚想到一个，但是觉得管理的味道不是很浓。

辰经纶：没事，你先说来听听，完了我再补充。

周机灵：我就是联想到我们组织会议的情况，您看，我们要举办一个会议，会议通知上总会确定会议开始时间和结束时间，这算是时间起点和时间终点固定的例子吧。哦，这样说起来，会议日程表的制定，应该属于时间中间点的设计了吧，那这属于半固定模式了？哈哈，总体上中间点是固定的，要求每个汇报人按照日程表上的预定时间进行，但比如中间有某个汇报人报告超时或用时不足，这个时候可以通过茶歇时间的变动调节使会议按既定日程进行。

辰经纶：这个例子算比较接近了，其实在管理中与你所说这个例子类似的是学校管理中的课程表设计，严格地运用了时间起点、时间中间点、时间终点固定的设计模式。

事实上，这种模式是非常适合学校课程管理的，因为在学校排课过程中，涉及不同课程课时的合理设置，不同参与主体也就是讲课老师的时间问题，不同科目的交叉排课等，由于需要考虑的因素众多，往往“牵一发而动全身”，因此采用固定模式避免了管理混乱，有利于统一规划，从而提高管理效率。

周机灵：老师，关于时间点固定模式，您说的这个“学校课表”设计真的是太贴切了。

辰经纶：总的来说，固定模式适用于计划导向的管理方法，较适用于事件的计划阶段，重要时间点的确定要对活动或任务完成所需要的时间进行合理的估算和预计，而且在未来的执行中变动不会太大。时间点固定模式典型的应用就是项目管理中的里程碑管理框架，它设置项目实施过程中的关键目标时间，考核阶段成果，是典型的时间中间点固定模式。

白困惑：什么是里程碑管理方法？我听着很熟悉，但想不起来了。

周机灵：这个我知道。首先里程碑就是指时间点，在项目管理中指项目完成过程中的关键时间点，如重大事件的完成点、检查点等。具体里程碑的确定是需要根据项目情况，运用定性或定量的方法分析或计算而得出的。

白困惑：哦哦，我明白了。以前学项目管理时，常常要确定关键路线，就是这个吧？

辰经纶：嗯，还有医院的“具体时间点预约挂号”的方法也是一样的道理，你们知道过去医院看病怎么挂号吗？

白困惑：就是去医院挂号处挂号，然后去问诊处排队等着被叫号。

周机灵：听说过去这种挂号可是难了，有的人为了挂个号甚至半夜就去医院排队了。患者把很多的时间都浪费在了候诊的过程中，导致情绪烦躁，甚至引起预料不到的纠纷，导致门诊服务满意度低。

辰经纶：的确是这样，但是在有了“具体时间点预约挂号”以后，一方面，缓解了“挂号排长”队现象，不仅节省了患者时间，而且也增强了患者安排的目的性；另一方面，对医生的诊疗和就诊情况进行了强制均衡安排，每周及每天高峰时段患者提前分流到低谷时段就诊，使诊疗秩序也更为平稳。

白困惑：明白了。时间点固定模式说得很清楚。可是时间点变动就不那么容易解释了吧？而且也没那么好设计吧？

周机灵：就算不容易也要尽力设计。因为在很多情况下，时间点固定模式是不可行的，或者从效益方面而言是不合理的，所以就需要根据实际情况变动时间点。

辰经纶：其实也没那么难，最简单的，“笨鸟先飞”就是通过改变时间起点来实现目标的例子。说到这儿，想起一个非常有意思的例子，是关于驾校对早餐、午餐时间点的设计。

白困惑：哦？

辰经纶：是这样，一些驾校为了使自己的餐厅增加早餐时间段的盈利，特意将市内班车发车时间提早，使得学员在发车前的市内吃不上早餐，到了驾校后又正好是大家平常吃早餐时间点，这样就可以实现新的机制目标。对于午餐的时间点也采用了同样的控制，课程结束时间故意设计为 11 点 15 分，而回城的班车时间是 12 点 15 分，中间有一个小时的空档被留了出来，由于回城不方便，大多数学员都会选择在驾校的食堂就餐。这两者都是利用了时间点控制的设计模式来达到“让学员在驾校就餐”的目的。

周机灵：哇，这好机智啊，作为驾校，利用自己可以调控课程时间，根据驾校所在地班车回城的时间专门特殊的时间点，以达到增加食堂营业额的目的。

辰经纶：试想，按照普通的课程时间安排，一般会选择如上午 12 点结束练车时间，然后，班车 12 点 15 分回城，估计学员练完车就去赶班车，去食堂吃饭的人就会少很多。

白困惑：这确实太狠了。不过，这些例子，表明的都是时间点提前，还有“凡事预则立”，企业为抢占市场份额产品提前上市等也都是类似的，但原则上时间的变动模式应该包括提前和推后两种类型吧？

辰经纶：对，理论上是这样，但的确是提前的情况比较常见，不过这也不是说不存在推后的情况。而且推后包括两种情况，即被动推后和主动推后。不得已的工期拉长就是典型的被动推后。

常嫌夏天短，不厌冬夜长：时间长度设计

辰经纶：今天我们讨论时间的第二个维度“时间长度”的设计。

周机灵：是的，老师。关于时间长度，我们在一开始讨论时间规制问题时提到的快递服务，特别是“特快专递”与“一般快递”，以及“弹性时间工作制”都属于时间长度设计的情况吧。

辰经纶：没错。在时间的多个维度中，时长是最容易理解的，也是我们提到频率最高的。例如，在日常生活中，我们做任何一件事情，都会涉及“时长”的概念。比如，你吃顿饭需要多长时间？一天中睡眠的最佳时长又是多少？写一篇文章需要多久？“时长”的例子数不胜数。但是，与这些时长相比，管理中的“时长”是一个相对更严谨的概念。

周机灵：嗯，这个我明白。以工作时间为例，在“弹性工作制”以前，企业大都采用朝九晚五的“八小时工作制”，这一时长是工人阶级在实践中得出的合理的分配时间，并通过与资本家的斗争将此工作时长的要求纳入各国

法律规范中。

辰经纶：小周知道得还挺多。的确是，在我国法律中，对工作时长也有明确的规定，强调两个“不超过”，每日工作时间不超过 8 小时，平均每周工作时间不超过 40 小时的工时。另外，通过“八小时工作制”和“弹性工作制”也不难发现，与时间点模式一样，时间长度模式也分为固定和不固定两种模式。

白困惑：哦，是啊。不过弱弱地说一句，关于时间设计我们总是离不开工作时间，总感觉有些不够，要是有更多的事例说明就好了。

辰经纶：这不难，只要平日多思考，你就会发现各行各业的管理中，都离不开“时长”的确定以及变动这样的问题。例如，现在企业招聘员工时都有“试用期”一说吧？

周机灵：哦，对嘛。不同期限试用期的设置可不就是对时长的设计嘛。

辰经纶：不同岗位对员工的素质要求不一样，一般来说，操作性的岗位，从业门槛低，劳动力市场供给充足，即便是新人，只要具备基本条件，通过短期培训即可上岗。如办公室文员、宾馆服务员、物业保安、水电维修工等。管理人员在短时间内就能判断出求职者是否是企业所需要的人才，所以，这类岗位试用期限的设置就可相对较短一些。

周机灵：而像技术和管理岗位，由于具备特殊行业要求，专业性较强，培养周期长，业内企业数量有限，圈内各企业人才供给一般是采取“自给自足”的方式实现。如机务维修、程序技术开发人员、各式专业性管理人员，由于培养周期长，支付成本高，员工品行、资信、忠诚度考察难等因素，所以这类岗位试用期限的设置应该相对较长。

辰经纶：试用期的时长是一个很重要的问题，如果太短，没有办法判断员工合不合格，而且容易出现“误判”，弄不好还会让用工部门和人力资源部门陷于非常尴尬的境地。如果试用期太长，许多应聘者又会因此拒绝，导致公司失去找到一些优秀员工的机会。

白困惑：这可为难了。

辰经纶：是难，也正是因为这样，许多招聘单位都会对应聘员工做一个区分，如新手、熟手、老手，企业可通过个别协商、考核，区别性地制定不同的试用期限。例如，因为新手涉及培训，一般可以签订 2 ~ 3 年期劳动合同，3 个月至 6 个月的试用期。针对熟手，有相关工作经验的应聘者，试用期越长，对其而言机会成本越大，越不稳定，越易流失，可以考虑首签劳动合同可签 3 年期，试用期可为 1 ~ 2 个月。而老手一般都是各家企业争相邀约的抢手人才，试用期可尽量短些。对有充分了解和信任基础的老手，甚至可以约定没有试用期，但要慎之又慎。另外，针对试用过程中表现突出的员工，可以采取缩短试用期的政策对其进行鼓励。

白困惑：想不到这里面这么多门道。

辰经纶：还有在医院管理中，也有这样的设计。你们对医院患者安全管理中的“分级护理巡视时间”了解吗？

白困惑：啊？不太清楚哎……

周机灵：这个我还真知道一点，我们国家从很早以前就开始实行分级护理制度，最早应该是 1955 年吧，记不太准确。分级护理制度好像要求对特级护理患者 24 小时连续监护，一级护理 15 ~ 30 分钟巡视 1 次，二级护理 30 ~ 60分钟巡视 1 次，三级护理每天巡视 2 次。

辰经纶：对，因为患者的安全管理包括患者身、心两方面的管理。但有研究显示，像你刚才说的这种分级护理巡视时间在临床应用过程中与患者的安全管理目标存在一定的差异性、不同步性及可操作性。例如，一级护理要求 15 ~ 30 分钟巡视 1 次，但有的病房一级护理患者人数占 1/5，每巡视 1 次病房，都不止花费 15 分钟。所以，医院必须进行分级护理时间的改进，以保障护理人员为患者提供更优质的护理。

白困惑：那具体是怎么改进的呢？

辰经纶：这个分级护理巡视时间的确定是需要通过临床试验的，但有一点，有研究显示，巡视时间的延长，极大地有利于护理人员为患者进行观察、语言交流和非语言交流，不断加强护患、医患关系的沟通。当然不同的医院条件不同，巡视时间结果的合理性也会有差异。关于具体的巡视时间是多少是医学界的专业范畴，并非我们的关注点。

周机灵：是的。不过总的来说，患者的安全管理确实可通过合理的设计“护理巡视时长”来改善。

辰经纶：看来我的目的达到了。这是关于时长延长的情况，现在你们能联想到一些时长缩短的事例吗？

周机灵：之前我看到过一则新闻，美国交通部为了减少交通事故，提高道路安全，将商用车司机每周的驾驶时间由 82 小时降低至 70 小时。

辰经纶：类似的还有就是银行贷款期限的设计。银行根据贷款金额、贷款人的信用程度等因素分为长期贷款、中期贷款以及短期贷款等多种时间长度模式。但是贷款人也可以根据自己的收入情况按要求申请缩短贷款期限。例如，原本房贷是 20 年，每个月交 4000 元，但有一年因为贷款人升职工资涨了很多，就可以申请每个月交 6000 元，从而缩短交贷期限。银行为了更好地服务于不同类型的客户需求，正是通过设计多种周期类型甚至是固定、不固定时长相组合的模式来实现的。

白困惑：这些例子都好贴切。不过我们上面说的，都是通过直接进行时间的分配来实现时间规制，是比较刚性的。

辰经纶：嗯，时间分配只是其中一种手段，在时间管理，尤其是时长调控中，还有更妙的方法，不知你们有没有听过日本有公司提倡了一种叫作“站着开会”的会议模式？

白困惑：站着开会？这也可以，有点意思。不过这与时间长度有什么关系？

辰经纶：我们知道一般开会都是坐着的，会议上除了讨论工作内容，还会闲聊几句，甚至“坐而论道”滔滔不绝，浪费了不少时间。可是站着开会情形就不一样了，时间一长都会累，所以参会的人都一心谈工作，会自觉地减少甚至不闲聊，不仅开会效率提高，讨论时间也缩短了，最终达到了“会议不得超过一个小时”的时间要求。试想谁愿意站着开会超过一个小时？

白困惑：真是个绝招。

辰经纶：关于“时间长度”这一维度在时间规制中的作用，你们还有什么不明白的吗？

周机灵：现在很清楚了。我总结一下，时间长度的设计可以有固定和非固定两种模式，其中非固定模式又包括延长和缩短两种情况。固定模式下的时长确定以及非固定模式下是应该延长还是缩短，或者延长、缩短多少则需要具体问题具体分析。

辰经纶：总结得不错，今天的讨论可以结束了。

花谢花开恰周期：时间周期设计

辰经纶：说到“周期”二字，你们也不陌生吧？

周机灵：自然不陌生，最常说的，月亮绕地球转动周期，地球公转、自转周期。哦，还有历史上朝代的更迭，一个一个的朝代也可以被认为是周期。

白困惑：哎呀，你举的这些例子都是人为不可控的，更别提通过改变来达到我们的机制目标了？

辰经纶：都是人为不可控？不尽然吧。我们现在的社会就少有朝代更替了，或者说时代周期无限长。如果说地球公转和自转这些是稳定周期的话，民主就可以打破朝代轮回的周期。关于打破朝代周期，有一个经典的故事，大概是 1945 年吧，国民参政会议员黄炎培等六位民主人士访问革命根据地延安，在参观访问几天之后，毛泽东问黄炎培对延安的访问观感，黄炎培对毛泽东谈起了兴亡的周期——

“我生六十余年，耳闻的不说，所亲眼见到的，真所谓‘其兴也勃焉，其亡也忽焉’。一人，一家，一团体，一地方，乃至一国，不少单位都没有能跳出这周期率的支配力……一部历史，'政怠宦成'的也有，'人亡政息'的也有，'求荣取辱'的也有，总之没有能跳出这周期率。”

但毛泽东回答道，我们已经找到了新路啦，我们能跳出这周期率。这条新路，就是民主。

白困惑：那在管理机制中，相关的周期也是可以人为改变或设计的吗？

辰经纶：当然，关于时间周期设计模式，与之前讨论的时间点和时间长度设计模式一样，还是可以分为固定周期和变动周期。

周机灵：根据我的了解，固定周期的例子比较多。比如工作班制度，无论是单班制还是多班制，对某个企业而言，总是根据企业的生产工艺特点、生产任务、人员情况、经济效果和其他有关的生产条件而选择其中的一种。例如，餐饮店营业时间一般是早上 8 点到晚上 12 点，分成两个班。一个早上 8 点到下午 4 点，另一个下午 4 点到晚上 12 点；有的企业则设计了早班、中班、晚班的三班制。

辰经纶：这个例子比较贴切，类似的还有固定和变动周期相结合的设计模式。

白困惑：什么例子？

辰经纶：食品安全检查就是采取定期和不定期的抽查，不定期检查就是周期随机的，可能两天一次，也可能一个月一次。

白困惑：在企业管理中，有类似的例子吗？

辰经纶：绩效考核的周期确定里面就有很大的学问。考核周期过长不好，也不宜过短。你们想，如果考核周期过长，考核结果可能会带来严重的“近因效果”，造成考核结果误差偏大，还会使员工失去对绩效考核的关注，不利于员工绩效改善。可是考核期太短呢？一是考核成本大，相关部门工作量也会加大，二是由于工作内容可能跨越考核周期，导致许多工作表现无法进行全面评估。

周机灵：哦，所以考核周期会有那么多种，什么月度考核、季度考核、半年考核和年度考核，此外，还有周考、日考等。

白困惑：那考核周期的确定应该考虑哪些因素呢？

辰经纶：一般来说，在确定考核周期时，要考虑所在企业的行业特点、所确定岗位的职务与岗位的类别、绩效考核指标的类型、绩效考核实施时间等各种影响因素。

周机灵：不过具体怎么确定也不是我们的专业范围。

白困惑：是的，明白了。

冯热闹：那你知道怎么设计了？

白困惑：至少我知道在关系设计时应该考虑哪些因素。

周机灵：没错，至少分析思路是清楚的。

辰经纶：孺子可教也。

第五章

大漠长河入一室

空间设计篇

空间规制的设计模式包括：改变空间大小；改变空间位置；改变空间形状；改变空间状态；改变空间功能等。

空间规制设计的一般流程，包括以下几个步骤：确定机制运行的空间；判断空间类型；确定目标类型；选择空间规制设计模式；判断选择的模式是否对其他元件（主体、客体、介质、时间、能量）造成干扰；确定最终空间规制设计模式。

缓冲区

辰经纶：今天我们来讨论一个新的话题。你们知道在管理机制设计中除了时间因素之外还有什么因素十分重要吗？

周机灵：应该是空间吧？时空总在一起，焦不离孟。空间作为管理机制的一个基本构成元件，从另一个维度描述机制环境，在一定程度上可以决定机制的基本性质。

辰经纶：没错。与时间一样，空间也是管理机制中一个基本的环境因素。换句话说，机制的设计也必须充分考虑空间的影响。

白困惑：在前面讨论时间因素时，由于应用的场景比较多，各行各业时间管理的讨论也比较系统和成熟，所以我们比较容易找到一些“时间设计”的例子，最后通过延伸思考对时间规制进行总结提炼。而对于“空间”这个词，虽然我们也不陌生，但例子一时还真想不到……

周机灵：还是有的，比如常见的城市交通与农村交通有很大区别，不仅是路况、交通工具、公共交通设施，还包括人口密度的不同以及风俗习惯的不同，等等。

辰经纶：你说得倒也不错，不过还是不够典型。

冯热闹：就是，这跟空间规制相关性也不高啊。

周机灵：老师，那我也想不到了，要不您给启发一下？

辰经纶：你们都听说过渑池会的故事吧？

白困惑：当然听说过，蔺相如的事迹从古流传至今，我们小时候都学过，耳熟能详的包括“完璧归赵”“负荆请罪”等。渑池会的故事，指的是秦昭王与赵惠文王在渑池会盟，秦王对赵王提出“鼓瑟”的无礼要求，于是蔺相如“跪请”秦王“击缶”，否则将“颈血溅大王”，最终秦王不得不“遵令”。之后的“讨城”，蔺相如同样舌战于不败之地……

冯热闹：哎哎哎，停，小白你越讲越来劲了哈。故事确实很精彩，可是这与空间有什么关系？

白困惑：是哦？老师，您提到这个故事，我们是很熟悉的，但确实没有什么地方涉及与空间规制啊。

辰经纶：真的没涉及吗？一个故事，也可以说是历史上一个伟大的事件，可以从很多个维度去解析。在渑池会的故事中，由于充满智慧和勇气且能言善辩的蔺相如太有吸引力，引起了普遍的关注，以至于一叶障目，我们很难再去深挖这个事例中显露出的其他同样值得我们学习和了解的内容。现在，你们忘掉蔺相如再仔细想想，这个故事与空间的联系体现在哪里？

周机灵：哦…如果非要说空间，那就是渑池。对啊，秦赵会盟为什么会选择在渑池？一定是有原因的。当时秦国实力强，但赵国国力日盛同样不可小觑，所以两国才长期处于僵持状态。为避免相互消耗，才有了秦国提出的“城下之盟”。但是在这种情况下，双方想要达成战略和解，肯定不会随便选个地方就见面商谈的，不能选不利于任何一方的地点。

白困惑：那渑池有什么特殊性？

周机灵：战国时韩灭郑，渑池属韩……

冯热闹：现在渑池县城西还有古秦赵会盟台的遗址呢。

辰经纶：不错，已经讨论到重点了。我补充一下小周说的，战国时渑池的确是属于韩国的，但更重要的是当时韩国算是一个中立国，所以秦国与赵国才约在这里见面，这样对谁都是同样安全的，算是秦赵缓冲交界之地，在这里秦、赵两国都不宜开战，这就体现了缓冲区的价值。

周机灵：哦，明白了，您的话醍醐灌顶。试想以当时两国的关系，秦王绝不会选择在赵国地界内约见赵王，这样有一种“求着人家”的意思。同样地，如果秦王把会见地点选在自己境内，像是设“鸿门宴”一般，赵国也是不会答应的，毕竟赵国还是会心有余悸，不想去冒险。

辰经纶：很好，分析得还算到位，而且提到了一个重要的点“当时”。渑池会盟听起来剑拔弩张，冲突一触即发，但最终顺利达成“和解”，一方面蔺相如起了一定的作用，另一方面且更重要的一点就是“当时”，当时两国实力悬殊不大。这就体现了空间规制与时间规制的相互制约关系：在特定的时间段，只能在特定的空间实施某些措施。这样，整体的管理目标才能得以实现。说到这儿，我想到了呆过几年的“葡萄牙”这个国家了。

白困惑：老师，我地理学得不好，对国家之间的关系也不是很清楚，您快给讲讲葡萄牙又是怎么回事？与我们现在讨论的空间有什么样的联系？

辰经纶：西班牙和葡萄牙两个国家地理上非常接近，但西班牙更具优势一些，尤其是西班牙南邻直布罗陀海峡，对控制地中海有极大的便利条件。正是因为这样，英国与西班牙一直“剑拔弩张”。西班牙方称直布罗陀属于自己的领土，但直到现在直布罗陀也是由英国管控的。

白困惑：那葡萄牙呢？

辰经纶：葡萄牙因为没有这样天然的便捷资源，整个国土都是面对大西洋的，所以比较不容易卷入到各种战乱中，可以长期保持中立的状态。这对西班牙和英国的关系也起到了缓冲的作用。

周机灵：说到缓冲区，老师，我又想到了一个地方。

辰经纶：哦？说来听听。

周机灵：有一段名言，“这不是结束，甚至不是结束的开始，但可能是开始的结束。”伟大的丘吉尔说。1943 年可能就是一个转折时刻，当时的中美英三国首脑罗斯福、丘吉尔和蒋介石在开罗举行会议，这次会议还诞生了著名的《开罗宣言》。据我了解，开罗位尼罗河三角洲的顶部附近，其东、南、西三面都被撒哈拉沙漠包围，三国首脑选择在这里开会，也有点“渑池会”的意味。

辰经纶：这个类比大致可以。二战时期的美国也是同样的情况。美国地处北美洲，北接加拿大，南接墨西哥，东临大西洋，西临太平洋，远离悠久的欧亚大陆历史文化，并且其周围没有任何国家能威胁它的安全。从军事上说，由于美国几乎没有陆地上的敌人，所以它可以毫无顾忌地率先发展海军，而不必在陆军建设上进行大规模投入。只要控制了海洋，就没有国家能威胁美国的安全，这是欧亚大陆的强国所没有的优势。美国在“一战”“二战”中的表现，就是明显的例子。美国仅仅经过200多年，就从一个新兴大国发展成为世界唯一的超级大国，这与它周围的“海洋”屏障或缓冲区是分不开的。

白困惑：还真是，美国凭借自己独立远居的地理位置，容易在战争中做到明哲保身。

辰经纶：缓冲区的例子有太多了。还有一个国家也值得研究一番，它的地理位置也很特殊，但与美国的远居恰恰相反，它就是瑞士。瑞士是凭借什么闻名于世界的？

白困惑：瑞士表、瑞士军刀，“欧洲屋脊”……

辰经纶：其实，瑞士还以“永久中立”的外交政策为人所知。

200 年来，世界战火迭起，然而却始终没有燃烧到瑞士这片土地。尤其是瑞士的第二大城市日内瓦，其南、东、西三面都与法国接壤，自古是兵家必争之地。所以在两次世界大战中，国际联盟的总部就设立在此地。日内瓦在国际上享有的高知名度主要得益于这里无数的国际组织或办事处，包括红十字会的总部，属于联合国的组织有世界卫生组织、联合国日内瓦办事处等。

周机灵：还真是，我查了下手机发现联合国欧洲总部、联合国环境规划署、世界卫生组织、国际劳工组织、联合国难民署、联合国人权事务高级专员办公室、世界知识产权组织、国际电信联盟、世界气象组织、世界贸易组织、国际标准化组织、世界教会协会、互联网虚拟图书馆、世界经济论坛、国际红十字委员会和国际艾滋病协会等著名的国际组织。

辰经纶：还有著名的《日内瓦公约》，这你们都知道吧。当时，瑞士、法国、比利时、荷兰、葡萄牙等 12 国选择在日内瓦签署一份关乎世界各国的公约，同样是出于瑞士"永久中立"态度的考虑。

冯热闹：那许多国际跨国公司总部设在日内瓦是不是也有这方面的原因？

周机灵：这不太清楚。但的确，日内瓦的经济形态主要是第三产业。这个城市有古老的金融业，特别是私人银行业务和国际贸易融资。所以我们经常看到影视剧里那些有钱人都把钱存在瑞士银行。

白困惑：本来从地理位置来看，瑞士很可能成为一个战乱的国度，然而它却通过一系列制度设计转劣为优。这么看来，空间因素对于机制的设计真的很重要。有空间优势的可以利用这种优势，有劣势的更会想办法去规避劣势。今天的讨论让我受益匪浅，学到了很多东西，谢谢老师！

辰经纶：学以致用，活学活用，是我希望看到的。

假如你要买房子

白困惑：小周，你知道吗？太可怕了，我周末去我一朋友新买的房子那里去参观，比我想像的小好多啊，花了好几百万呢。

周机灵：是你上次跟我提到要结婚的那个朋友吗？她买的新房不是将近 110 平吗？不小了吧。

白困惑：对啊，我也以为很大，结果...... 嘘，老师来了。

辰经纶：别嘘了，我都听到了。你们还都年轻，没经历过买房的事，对这里面的门道不太清楚。正好这个事情也涉及空间的一个侧面，我们今天就好好讨论一下。首先，假如你要买房子，需要搞清楚建筑面积和使用面积的概念。

冯热闹：这我知道啊，我们家买房子的时候，钱是按 120 平付的，但实际可使用的区域还不到 90 平，冤死了。

辰经纶：买房就是这样，在住宅买卖中一般不采用使用面积来计算价格，而是采用建筑面积。目前，一般说来使用面积的比例占总面积的 70% 左右。

白困惑：老师，使用面积这个比较容易理解，什么是建筑面积呢？

辰经纶：建筑面积指建筑物各层外墙或外柱外围以内水平投影面积之和。房屋的建筑面积包括套内建筑面积和按规定应分摊的公用建筑面积两部分，分摊的公用建筑面积按规定主要包括电梯井、楼梯间、垃圾道、变电室、设备间、公共门等。

周机灵：但是从消费者角度而言，当说“我计划买 50 平米的房子”的时候，一般来说指的是使用面积的期望值，而非建筑面积。

辰经纶：正是这样。所以如果以 6 万元一平方米来算，你想住上一套自家面积 50 平方米的小房子，300 万是远远不够的。

白困惑：天呐，原来花了 300 万，其实只能住 30 几平方米这样的房子呀！开发商简直太黑心啦！

北京房价本身就高，再加上买房公摊什么的，想要在这繁华的大都市购置一套满意的房子太不容易了，简直令人望而生畏。

辰经纶：建筑面积与使用面积的关系大家大概了解了，国家对此有相关的政策。接下来我们进入正题，讨论关于房子的另一个问题——超面积。

白困惑：超面积问题？超面积是什么意思？也与空间规制相关吗？

辰经纶：哪位同学知道超面积问题指的是什么吗？

周机灵：前段时间看到一个新闻报道，军委办公厅发布了一个关于军队经济适用住房超面积的处理通知。不过这是针对军人出的政策，而且前提是军人根据不同的级别都有相应的住房购买标准，超面积的计算也很明确。可是对于一般的购房者，没听说过有这个要求啊。

冯热闹：对啊，只要有钱，想买多大买多大呗。

辰经纶：看来大家对超面积的理解还是有所欠缺的。一般来说，超面积问题指的是我国现在一些基本建设工程存在的“少批多建”现象。具体来说，就是产权登记前的实测建筑面积与规划批准的建筑物设计面积存在较大差异，很多建筑工程还超出了合理误差，但在建设过程中并未违反规划审批图纸进行施工。

白困惑：原来还有这么一回事啊……那是由什么原因造成的呢？

辰经纶：原因有很多。比如，工程设计单位在计算建筑面积和项目建成后房产面积时采用不同的标准，计算口径存在差异，导致房屋实测建筑面积的数据大于规划批准建房面积，而且差值超出合理误差，最终造成超面积。还有就是因为单位疏忽导致的少报等。不过这些情况都不算是真正意义上的“超面积”。

白困惑：那哪些情况算是“超面积”呢？

辰经纶：以上所说都是无心之过，而我们要讨论的超面积主要是指因超规划指标而恶意虚报而导致的。当然导致这种现象的源头还是利益，一些设计单位缺乏基本的职业道德，为了给建设单位谋取不当利益而在设计文件上故意少报建筑面积，使建筑面积的数值从表面上看符合规划指标的控制要求。

周机灵：但是因为本身真实的设计面积大于许可面积，其建成后实测出现“超面积”情况就是必然的。

辰经纶：现在相信大家对超面积问题有所了解了。那么，我们回到空间规制的问题上，大家都说说这都体现了空间规制的哪些方面？

周机灵：这应该是从空间大小上做文章，以此实现自身目标，只不过是不当的利益目标。

冯热闹：谁还不知道是空间大小啊……

白困惑：可是对我来说这理解起来还是有点困难，有没有一些比较好理解的改变空间大小的例子呢？

辰经纶：既然小白同学还是困惑，那就说一个大家都熟悉的场景中应用的例子，就是地铁站，这大家都熟吧？有的时候我们乘坐地铁，起始站到终点站可能 10 站左右，在地铁上也就大约需要 20 分钟。但因为需要换乘，结果在站内步行换乘也得 10 ~ 15 分钟的时间，所以我们经常抱怨换乘站太长的换乘通道。

白困惑：既然这样，为什么不把换乘通道设计的短一些来节约乘客的时间呢？

冯热闹：而且通道越长，成本也越高啊。

辰经纶：是啊，为什么呢？

周机灵：是不是为了分散地铁站的乘客流量呢？一些大型的换乘站，人群密集，很容易造成拥堵，严重时甚至会发生踩踏事件。较长的换乘距离可以减小单位面积内的客流，从而减少因人群密集、拥堵造成事故，毕竟安全第一。

辰经纶：说到重点了。这就是通过增加总的空间大小来避免可能的事故风险的典型例子。类似地，还有许多火车站、汽车站设计的蛇形入站通道也采用了同样的不当。在物理距离没有改变的情况下，通过对空间巧妙的设计，可以达到疏缓客流的目的。

白困惑：哦，原来是这样。

辰经纶：对于地铁站、火车站这类人为划分的空间，因为主观目的性很强，可改造的余地也较大，所以在设计相应的机制时可以通过改变某些属性以达到机制设计的目标。类似的例子还有立体车库的设计，通过增加单位空间内停车位的数量来提高空间的利用率。

周机灵：超市收银台位置以及用不同高度的货架摆放不同的商品也是通过空间的调节来达到增加销量的目的吧。

辰经纶：只要善于观察和思考，你会发现身边有很多空间规制的例子，都运用的非常巧妙，有许多值得借鉴的地方。空间设计模式和时间设计模式原理大致是一样，都是基于基本属性展开的。我们今天讨论的是空间大小、空间内部结构，而在管理中还有很多对空间其他属性（形状、功能、状态等）的设计模式，你们可以好好去研究一下。

白困惑、周机灵、冯热闹：好的老师！

打破区域，天涯海角共此时

白困惑：老师，最近我发现了一个有趣的现象。

辰经纶：哦，什么现象？

白困惑：我发现我国人口众多，幅员辽阔，在空间分布上也很有特点，似乎存在着很多分界线。

辰经纶：比如呢？介绍一些你比较感兴趣的。

白困惑：我最感兴趣的两条线是“秦岭—淮河线”，非常巧妙地划分出了我国的南方和北方。这条线的南面和北面，无论是自然条件、农业生产方式，还是地理风貌或是人民的生活习俗，都有明显的不同。

周机灵：确实是。南方以水田为主；北方以旱地为主。南方以水稻为主；北方以小麦为主。就连油料作物都不同，南方以油菜为主，北方以花生、大豆为主。同样，糖料作物也有差异，南方以甘蔗为主，北方以甜菜为主。而且南方的作物是一年二至三熟；北方的作物是两年三熟或一年一熟。

冯热闹：要我说，人的差异更大！北方人普遍比南方人个子高，北方人爱吃咸的，南方人爱吃甜的。并且作为一个北方人，我实在无法接受你们南方人吃的肉粽！

白困惑：哈哈，不要把差异上升到斗争上。不管北方人爱吃面，南方人爱吃米，还是北方有暖气南方没暖气，我们都是一家人啊。正是有了这些差异，这个世界才多姿多彩。

周机灵：说到人，我想到了另一条线——“胡焕庸线”。

辰经纶：不错，还听说过胡焕庸线。详细说说，看你们对胡焕庸线了解多少？

周机灵：学术语言，如此介绍，胡焕庸线是我国地理学家胡焕庸先生提出的划分我国人口密度的对比线，在地理学，特别是人口地理学与人文地理学，以及人口学上，具有重大意义。这条线从黑龙江省黑河市到云南省腾冲，大致为倾斜45度的直线。线东南方以36%国土居住着96%人口，以平原、水网、丘陵、喀斯特和丹霞地貌为主要地理结构，自古以农耕为经济基础；线西北方人口密度极低，是草原、沙漠和雪域高原的世界，自古是游牧民族的天下。因而划出两个迥然不同自然和人文地域。

辰经纶：目前，“胡焕庸线”在某种程度上也成为城镇化水平的分割线。这条线的东南各省区市，绝大多数城镇化水平都高于全国平均水平；而这条线的西北各省区，绝大多数都低于全国平均水平。讲这么多，忘了问一下，你们怎么会对这些分界线这么感兴趣呢？

白困惑：因为之前我们对于人口分布可能更多是感性认识，但这条线的提出使得感性变得科学。毕竟自古以来，中国东南地狭人稠、西北地广人稀似乎是大家公认的常识，但没有人对这种模糊的认识加以有力的佐证。

周机灵：对。“胡焕庸线”的出现则廓清了这一分界。在那个没有大数据的时代，胡焕庸先生是通过大量的实地走访调研计算并画出来的这条线，科学客观地描述了中国人口密度在不同地区的分布，并由此得出中国第一张人口密度图。也正因为这样，这条线的影响非常深远，更成为众多研究和决策的重要参考依据。

辰经纶：是的，你说得不错。胡焕庸线对我们现在的国家规划与发展有很大意义。最开始，这条线只是人口密度的分界线。但由于这条线负载、分割着许多神奇的自然与社会元素，渐渐地在气候分布、灾害分布、产业及区域布局方面，都存在明显分界的意义。胡焕庸线更被称为是适宜人类生存地区的界限，贫困县也主要分布在这条线左侧。

白困惑：虽说这条线描述了众多领域的分布特征，但它的真正实践应用价值体现在何处？

辰经纶：胡焕庸线真正揭露的线两边各个方面的差异性，比如人口、经济的差异。我们在暑假的课程班上曾讨论过郝柏林院士的一篇文章《圣菲研究所与复杂性研究》。在该文章中，郝柏林先生举了几个圣菲研究所研究工作的例子。其中他特别说到，“幂次率的指数如果等于

1 就是简单的线性依赖，正比例关系；如果小于 1，则表明存在某种节约；如果是超线性的，指数大于 1，则表明某种比线性更快的增长”。

进入 21 世纪，人类社会跨越了一个历史转折点，全球城市总人口超过了农村人口。但凡事皆有两面性，城市一方面成为创新能力和生产效率的集中地，财富之源，另一方面也是污染疾病和犯罪的渊薮。科学家们发现了三个幂次律，与城市居民个人需求有关的指标，如职业数目、住房、生活用水与人口呈线性关系，即指数等于 1；城市的支撑体系，如道路面积、电缆线长度，则与人口呈亚线性关系，即指数约等于 0. 8，小于 1，表明城市越大越节约。然而，人类活动特有的许多指标，如创新能力、工资总额，犯罪率，乃至包括以步行速度衡量的生活节奏，却表现出随人口数超线性增长，即指数大于 1。这说明，城市发展越来越大，只有不断创新才能维持其超线性增长的需求，这就是人口与发展的深层次关系。

周机灵：老师，我知道了，就是追求一种均衡的美！哪里人太多了，就往少的地方赶赶；哪里资本太热的，就往相对穷一些的地方引渡；哪里资源比较丰富，也会自然往其他地方流动。

辰经纶：差不多是这样，但如何打破区域界限，使得各个区域均衡发展，的确是一个难题。资源可以运输，但有生命的人，和人口袋里承载了意志的钱，又该如何流动呢？比如小冯，你现在生活在北京，觉得很好，这里是首都，政治文化中心，有很多吸引你的地方，不用别人劝说，你自己就来了，带着你的才华和创造力。出了你，每年还有很多人带着自己的资本离开家乡涌入北京。搞得北京市政府也在想办法控制人员流入。相反，在其他一些地方，当地政府是想尽办法吸引人才流入。小冯，如果现在让你去一片远离城市的沙漠，给你丰厚的报酬，你愿意去吗？

冯热闹：老师，这我可得想想，仔细权衡一下……

辰经纶：没错，一提到沙漠，人们都会想到恶劣的环境，干旱炎热的气候，沙漠实在不适合人类居住，很多人唯恐避之不及。但是拉斯维加斯这座沙漠中的全年高温城市却吸引了很多人。拉斯维加斯是美国内华达州最大的城市，也是座享有极高国际声誉的城市。

冯热闹：那不是“赌城”吗？

辰经纶：没错，拉斯维加斯是世界四大赌城之一，是一座以赌博业为中心的旅游、购物、度假的世界知名度假城市，拥有“世界娱乐之都”和“结婚之都”的美称。根据2014年的调查，它是全球最多新婚夫妇选择的蜜月旅行目的地。

周机灵：我结婚就准备去那里呢！听说每年去那儿的几万旅客中，购物和享受美食的占了大多数，专程去赌博的只占少数了。

冯热闹：老师，我在网上看到过这样一个对拉斯维加斯的评价——如果你穷困潦倒还剩下几美元，去拉斯维加斯也许会咸鱼翻个身，如果你钱多花不完，去拉斯维加斯也许会体会到流浪汉的潇洒。拉斯维加斯就是这样，一面是地狱，一面是天堂。跟当年的欲望之都纽约似的，如果你爱他，就把他送到纽约，因为那里是天堂；如果你恨他，就把他送到纽约，因为那里是地狱。

白困惑：哇，简直不可思议。一个地理条件原本恶劣的地方，居然转劣为优，变成了吸引人的天堂……这是为什么呀？

辰经纶：从一个不起眼的破落村庄，到一座巨大的国际城市，拉斯维加斯只用了10年。赌城，重心就是赌博业。为什么很多空间因素相似的地方发展其他产业没有取得如此成功呢？因为赌博能激起人性本身具有的东西。我们的基因里或多或少都潜藏了冒险精神，喜欢探索未知的东西，而赌博，输赢凭借概率，很多人都理解为凭借运气。一个未知的答案放在那里，让人不由自主地就想去揭晓。输了，不甘心，期待下一次能有好运，这是人的本能；赢了，兴高采烈，想赢得更大的收获，这也是人的本性。就像小冯所说，赌博诱惑着你，走进这个一面是地狱，一面是天堂的地方。

白困惑：老师，那如果有很多人能克服人性的弱点，不参与赌博，不去冒险，也不贪婪，就很理智地做一个旁观者，是不是这座城市的发展就比较困难了。

辰经纶：并没有你说得那么简单。我曾经去过拉斯维加斯，那是一座很自由的城市。是否参与赌博全凭自愿，没有人会强迫你。别人玩，你不参与，没有任何问题，赌场提供的待遇都是一样的，也就是说，你不参与赌博，依然能在那里享受到免费的服务，如免费的餐饮。无论你是否赌博，只要打扮不是很怪异，你都可以自由出入赌场，享受里面的设施与服务。

冯热闹：这么一说，我都心动了！我平时都不打扑克牌，不打麻将，甚至都不喜欢跟人打赌，但是经过老师这么一说，我都想去赌城感受一下了！

辰经纶：看吧，它还是能依托赌博吸引到更多人。不赌的去看看，满足一下好奇心，享受一些服务，就像我前面所说，你在这里旅游、购物、度假都可以。还有很多人，就像小冯一样，原本不打算赌博，但是看着别人在赌场上玩得开心，不由自主地也想试一下。中国四大宽容原则：来都来了，大过年的，人都死了，都不容易。来都来到赌城了，能不上去赌一小把吗？

冯热闹：哈哈，的确是这样！

辰经纶：那么我们回到刚才讨论的胡焕庸线上，你们认为面对东部几近饱和的人口和匮乏的资源、大城市问题、环境污染等严重影响人类生产生活的挑战，人们把目光放在了广袤的西部地区，希冀能够通过新型的城镇化，试图打破胡焕庸线的束缚。这是发展的必然……然而，这真的有可能吗？

周机灵：老师，我查询了一些资料，华东师范大学桂世勋先生的一段话，“我们应该看到胡先生研究我国人口分布的视角有一定的历史局限性，他在当时我国第二产业、第三产业很落后及其从业人口比重很低的情况下进行的研究，没有分析这些产业布局对中国人口分布的影响，是符合当时国情的”。但是，现在我国农村常住人口占总人口的比重已低于50%，全年第一产业增加值在国内生产总值中所占份额也降到了10%。

辰经纶：正是这样。如果要“破”胡焕庸线，首先要意识到天然的自然环境很难根本改变，由自然环境制约的产业和人们的居住环境、宜居意愿都会受到不同程度的影响，而且这种影响的消除对人类智慧是极大的考验。但上述拉斯维加斯的例子也告诉我们，凡是都有可能。例如，国家在推进城镇化建设发展中，可以着重发展胡焕庸线西北侧的第二、三产业，重视基础设施、公共服务资源的配置等。这些努力对提高当地人民的生活质量，提升西北侧人口比重想来是有益无害的。当然了，具体如何发展第二、第三产业，具体发展什么行业，都是值得探究的问题，要结合国情，研究透彻人性，同时从机制设计的思想层面，借鉴先进经验。

白困惑：那打破空间区域属于空间规制的哪种类型呢？我觉得这个与空间规制关系密切，但就是对应不起来。

冯热闹：哎呀，这还不明白，既然需要打破，说明原有空间不再适用。

辰经纶：小冯这次还真说到点上了，不错。胡焕庸线的打破，说明两侧的原有空间都不再适用。以人口的胡焕庸分界为例，多人口侧的人口过“多”，少人口侧的人口过“少”，二者需要调和。

白困惑：哦，我明白了。多人口区域空间范围需要扩大，以降低人口密度，反之亦然。

辰经纶：理解了就好，今天就到这儿吧。

犹如一面镜子

辰经纶：小白，经历了种种曲折，你考上了中科院的研究生，可你知道古代那些学子是怎么参加考试的吗？

白困惑：老师，我大概知道一些。古代是科举制度，选拔时也是像我们这样首先需要笔试。

辰经纶：对，科举制度。上次去南京参加学术会议，我还专门去江南贡院看了看。你们对江南贡院了解多少？

周机灵：我查一下手机，江南贡院是我国古代规模最大的科举考场，位于南京市秦淮区南京夫子庙学宫东侧。现在江南贡院作为传统文化的见证者，成为大家南京之行必去的景点之一，是夫子庙秦淮风光带的重要组成部分。

辰经纶：介绍的不错。但在明清时期全国有半数以上官员出在江南贡院，直至晚清年间，袁世凯、张之洞为了推广学堂，奏请清廷马上废停科举，科举制度这才被废除。不过，你们知道当时考试是如何在里面进行考试的吗？

周机灵：贡院里有一个个的考场，有点类似于我们今天所说的

"格子间"，从进入考场开始考生要在里面度过九天七夜。

冯热闹：我在一些古装电视里看过，"格子间"很狭窄，睡觉的时候连腿都伸不直。要我呆那么长时间，肯定会得抑郁症的。

辰经纶：你们说的"格子间"呀，叫号舍。考场贡院，歪念面积广大，也很气派。大门之外，建有三个大牌楼。正面牌楼横额是天开文运，两侧牌楼横额是物华天宝和人杰地灵。院内还有大堂和龙门，显示庄严，以及对考生的期望。贡院内一排排号舍，每个号舍里放置两块木板，白天考试时上层木板代替桌案，下层木板为坐凳。晚上考生就取出上层木板并入下层，用来当睡觉的床。但因为南京天气炎热，号舍又非常小，经常有考生因中暑生病、食物中毒导致意外死亡。

白困惑：古代考试竟然在这么"恶劣"的环境中进行，条件也太艰苦了，何必呢?

辰经纶：这无非是为了防止作弊，却不太人性化。现在考场上为了防止作弊，有多种多样的手段。从设施上来说，有的考场会装信号屏蔽器，有的考场是在门口安排检查的老师，用扫描工具检查考生身上有没有携带违禁物；从时间上来说，一般考试开始 15 分钟之后不得入场，考试结束 30 分钟之内不得提前交卷离开等。但古代没有，只能人为隔离，在这种情况下使用这样的方式是有效的，运用的原理正是管理机制设计理论。具体是哪一种，小周来说一下吧。

周机灵：通过空间内部结构的改变吧。

辰经纶：没错，空间内部结构改变是空间规制中常用的设计模式之一。空间内部结构的改变有多种类型，可以是不增加新成分的情况下去掉原有的组成成分，也可以是不减少原有组成成分的情况下增加新的组成成分，还可以是用新的成分替换原有的成分。

白困惑：可是号舍的设计不属于上述的情况呀？

辰经纶：上面我说的只是部分设计模式。号舍的设计首先是将一个大的空间，也就是考场，通过网格化隔离划分为多个考场，以杜绝“交头接耳”式作弊。其次，为了尽可能避免考生与外界接触从而有其他作弊行为，就设计出让考生九天七夜一直呆在号舍的方式。因此，为了方便考生在号舍里饮食、睡眠，号舍的设计就异常重要。在有限的空间内，对号舍的比例、数量、大小必须进行合理的设计和调整，这也是空间规制的设计模式之一。

冯热闹：古代科考，为了防止作弊还真是费尽心机呀。

辰经纶：明清时期，皇帝对人才的选拔是极为看重的。乾隆年甚至限定考生可带入场各种物品的用料、尺寸、款式。查出作弊，刑罚严厉，或革职，或流放，乃至杀头。顺治十四年，科场舞弊，数十考官处斩，家产没收，父母兄弟妻子俱流放边疆。咸丰八年，主考官柏葰是一品大员，考场舞弊，问斩不赦。

白困惑：哇，这么严重。不过老师，现代社会关于空间内部结构改变的应用多吗？

辰经纶：挺多呀，例如与号舍设计模式类似的交通管理。我们常说的交通管制、限行等方式，也是通过空间内部组成部分不变，调整组成部分的比例、数量等来提高整体的通行量。

白困惑：哦哦，明白了。

辰经纶：关于空间规制的讨论我们进行好几轮了，零零散散也举了不少例子。大家总结一下，空间设计中有哪些重要环节呢？

周机灵：我觉得第一步还是要了解现有空间环境，比如对空间的属性，空间随时间的变化性等。有了这个为基础，才能选择和设计恰当的空间规制模式。然后就是要判断空间的类型，毕竟天然的空间和人造空间在进行机制设计时有很大的区别。例如，我们上面提到的拉斯维加斯这样一个自然形成的沙漠之城，基本属性很难改变，只能通过设计空间的用途来达到目的。

辰经纶：很好，确定机制运行的空间和判断空间类型的确是空间规制极为重要也是首先要做的。除此之外呢，还需要确定目标类型。不同情况下，空间规制设计的目标不同。有些情况下可能需要达到的目标不止一个，这就需要确定主要目标，根据主要目标来选择规制的设计模式。在主要目标可以达成的情况下，才考虑其他的目标，有时候为达成主要目标甚至需要牺牲次要目标。

白困惑：这几步完成以后，该选择空间规制设计模式了吧。

辰经纶：对。值得提醒的是，在选择设计模式时，有时一种单一的模式不能达到目标，这时就需要多种模式的结合。到这儿，是不是就算大功告成了呢？

周机灵：前面我们提到渑池会的例子时，考虑到空间和时间的相互制约。所以我想空间规制设计模式的选择是不是还需要判断对其他元件的产生的影响呢。

辰经纶：小周想问题还是比较全面。这一步的确是必要的，因为空间的调整对其他元件（主体、客体、介质、时间、能量）可能造成损失或负面影响，有时空间的调整可能会造成时间的浪费或成本的提高，这个时候就要重新选择空间规制的设计模式，在对其他元件造成最小干扰的情况下选择设计模式。而且，这一步是需要反复调整分析的，此后才可以最终确定空间规制的设计模式。

第六章

寂寞深秋梧桐雨

动力约束篇

组织中往往存在如管理大师彼得·德鲁克所述的“企鹅”和“孔雀”两种角色，一个组织才会在循规蹈矩、稳中求进的同时又插上奋飞的翅膀，也就是在有约束的同时兼具动力驱动。

动力如发动机一般有规律地推动组织向前发展，增添组织活力。

约束像法律一样在保护参与者利益的同时又在规范和限制他们的行为，让组织在稳扎稳打中不断前进，给管理活动营造出一个和谐高效的内部环境。

动力规制的设计模式可以从创造动力和调整动力两个方面考虑。

约束规制的设计模式包括改变资源配置、调配空间布局、更改事务流程等几种模式。

风吹麦浪，水载船舟：动力规制

白困惑：我最近无意间看到关于林肯屡败屡战的小故事，觉得相当震惊，很受鼓舞，想分享给大家。

林肯的一生大致经历如下——

1809 年 2 月 12 日出生，1818 年（9 岁），母亲去世。

1831 年（22 岁），经商失败。

1832 年（23 岁），竞选州议员落选。同年（23 岁），工作丢了。想就读法学院，但未获得入学资格。

1833 年（24 岁），向朋友借钱经商。

1833 年（24 岁），再次破产。接下来，他花了 16 年时间才把债还清。

1834 年（25 岁），再次竞选州议员，这次赢了。

1835 年（26 岁），订婚后即将结婚时，未婚妻死了。

1836 年（27 岁），精神完全崩溃，卧病在床 6 个月。

1838 年（29 岁），争取成为州议员的发言人——没有成功。

1840 年（31 岁），争取成为选举人——落选了。

1843 年（34 岁），参加国会大选——又落选了。

1846 年（37 岁），再次参加国会大选——当选了。前往华盛顿特区，表现可圈可点。

1848 年（39 岁），寻求国会议员连任，失败。

1849 年（40 岁），想在自己州内担任土地局局长的工作，遭到拒绝。

1854 年（45 岁），竞选美国参议员，落选。

1856 年（47 岁），在共和党内争取副总统的提名——得票不足 100 张。

1860 年（51 岁），当选美国总统。成为美国历史上最伟大的总统之一。生下来就一无所有的林肯，终其一生都在面对挫败。他曾经绝望至极，但从没有放弃人生这场跳高比赛。

1865 年 4 月 14 日晚上，林肯在华盛顿的福特剧院里看戏时，被南方奴隶主收买的一个暴徒刺杀。

有人统计过林肯的奋斗和进取史，企业倒闭、爱人去世、竞选败北等重大失败至少 9 次，而成功的次数只有 3 次。我不禁思考，究竟是什么样伟大而神奇的力量驱使、鼓舞着他面对失败时锲而不舍还能继续前进，这正是这两天困扰着我的一个很大的疑问。

冯热闹：林肯的事迹谁没听说过，而且大多数伟人伟迹都富有悲惨感，我们要是能理解我们也成伟人了。

周机灵：经历如此坎坷的境遇还能成就一番惊天动地的事业，相信他心中必有自己执着的追求，或是为名或是为利，亦或二者皆有吧。我想，正是名利或者其他的追求成为他劈风斩浪、勇往直前的动力吧。

辰经纶：动力就是一切力量的源泉。小周所说林肯对名利的追求，归根结底说明他心中有目标有需求。说到需求，不得不提马斯洛的需求层次理论，在这里也可以用于解释林肯的行为。

哪位同学来介绍一下马斯洛的需求理论是什么？

周机灵：我的手机快，我念吧。马斯洛是美国社会心理学家，也是人格理论家和比较心理学家，还是人本主义心理学的主要发起者和理论家。他在 1943 年发表的《人类动机的理论》一书中提出了需要层次论，把需求分成生理需求、安全需求、社会需求、尊重需求和自我实现需求五类。这五类需求呈金字塔型，依次由较低层次到较高层次。其中生理需求容易理解，指吃、渴、衣、住、行方面的要求。

辰经纶：对。马斯洛认为，只有这些最基本的需要满足到维持生存所必需的程度后，其他的需要才能成为新的激励因素。而到了此时，这些已相对满足的需要也就不再成为激励因素了。以此类推，每一层的需求都只有在其下层的需求满足以后才能成为激励因素。

白困惑：安全需要，是指保障自身安全、摆脱威胁、避免疾病的侵袭等方面的需要。但是社会需要指什么呢？我一下想不起来了。

辰经纶：社会需求是关于人的情感和归属的需要。情感需要指人人都需要伙伴之间、同事之间的关系融洽或保持友谊和忠诚；人人都希望得到爱情，希望爱别人，也渴望接受别人的爱；归属的需要，即人都有一种归属于一个群体的感情，希望成为群体中的一员，并相互关心和照顾。既说到这里，我就简单把其他两种需求都简单赘述一下。尊重需求，指人人都希望自己有稳定的社会地位，要求个人的能力和成就得到社会的承认；自我实现的需求，是最高层次的需要，它是指实现个人理想、抱负，发挥个人的能力到最大程度，完成与自己能力相称的一切事情的需要。

白困惑：那林肯在其一生中主要追求哪个层次的需求呢？

辰经纶：虽然这些需求间存在较明显的高低层次之分。但反射在某一个体时，并非沿着金字塔一层一层的上升式实现。个体可能在同一时间同时追求其中的某两个层次或更多层次的需求。不同层次间的需求还有可能出现反复，因为此时满足了的需求在未来还存在失去的风险。从林肯的一生来看，整体上是在追求被尊重和自我实现的需求，尤其是自我实现。从其 23 岁竞选议员开始，林肯便在努力挖掘自己的潜力，使自己越来越接近成为自己所期望的人物。在这样的需求激励下，他才能越挫越勇，愈加有动力实现阶级的跨越。

白困惑：林肯的事迹虽然鼓舞人心，但毕竟是个体的，而我们更为关注的是组织管理中的动力问题，在这方面有没有一些贴切的事例呢？

辰经纶：你们平日里休息时间会看美剧吧？

冯热闹：会呀，那可是小白师姐的最爱，都不知道刷了多少部了。

辰经纶：小白英文还不错，看美剧时只显示英文字幕吗？

白困惑：如果是为了提高英语水平、锻炼听力，会刻意关掉中文字幕。但通常不会，因为大部分时间看剧是为了放松和娱乐的，有中文字幕方便很多。

辰经纶：那你有关注字幕是由哪些人翻译的？背后从事这份工作的人情况如何？

白困惑：我听说过一些美剧、英剧、日剧等，最初从国外网站扒下来时都是没有字幕的，但是到了国内的视频网站都有了字幕，为什么呢？谁翻译的？

周机灵：据我所知，有专门的字幕组。

辰经纶：没错，你们能顺利地看许多外文剧，便是字幕组的功劳。但重点是字幕组不同于其他职业，是没有报酬完全义务的一项活动。字幕组的成员极少有专业翻译，他们来自各行各业，更多的是遍布全球的学生。他们只能用业余时间来翻译，但许多人在字幕上花的时间，甚至超过了工作和学习时间。

冯热闹：没有报酬，图什么呀？

周机灵：确实有些难理解，翻译一集片子，要来回看剧七八遍。有人翻译一次，一坐下就是八小时，中途不吃不睡。而在新一季热门剧播放时，多数字幕组成员会强烈要求字幕组组长把重要角色戏份分给自己。他们为什么对一份完全没有收入的工作这么投入？这些组织中为什么鲜有专业翻译人士？为什么一群志同道合的小伙伴投奔组织后，共同兴趣会激发出这么大的动力、效率与力量？如果他们有了固定收入，热情和积极性会不会更高呢？

辰经纶：这里面所涉及的便是我说的动力。字幕组成员愿意不计报酬、不计时间地投入到字幕翻译的工作中去，他们可能对字幕翻译事业充满了热爱，知道别人在观看自己翻译的视频时会有一种自豪感与欣慰感，可能因为字幕翻译事业结交了更多的朋友等。诸如此类动力，我们可以称之内在动力，这种发自内心的热爱，无任何外力作用，往往是最强劲的。

白困惑：嗯，深有体会。正如一个学生，如果他在自己内心里就没有把好好学习当作第一要务，不管外力怎么作用于他，他都不会认真学习的。

辰经纶：古语有云，“知之者不如好之者，好之者不如乐之者”，如果各项工作都由“乐之者”担任，基本的内在动力就具备了。由此，我们可以发现内在动力的激发，参与者由内而生的愿望，可以在没有职位、责任、权力、利益等支持的情况下，更具积极性的投身于对工作、项目、组织目标的达成，从而大大降低管理成本。

白困惑：谢谢老师的答疑解惑，现在我明白字幕组的问题了。

辰经纶：小白你刚提到学习的事情，我想到一个著名的效应——德西效应？有哪位同学听说过吗？

周机灵：我来查！爱德华·德西是一位心理学家，曾进行过一次著名的实验，即随机抽调一些学生去单独解一些有趣的智力难题。在实验的第一阶段，抽调的全部学生在解题时都没有奖励；进入第二阶段，所有实验组的学生每完成一个难题后，就得到 1 美元的奖励，而无奖励组的学生仍像原来那样解题；第三阶段，在每个学生想做什么就做什么的自由休息时间，研究人员观察学生是否仍在做题，以此作为判断学生对解题兴趣的指标。

结果发现，无奖励组的学生比奖励组的学生花更多的休息时间去解题。

白困惑：这挺有意思哈。

辰经纶：奖励组对解题的兴趣衰减得快，而无奖励组在进入第三阶段后，仍对解题保持了较大的兴趣。于是，实验得出一个结论——当一个人进行一项愉快的活动时，给他提供奖励结果反而会减少这项活动对他内在的吸引力。这就是所谓的“德西效应”。“德西效应”给教师以极大的启迪——当学生尚没有形成自发内在的学习动机时，教师从外界给以激励刺激，以推动学生的学习活动，这种奖励是必要和有效的。但是，如果学习活动本身已经使学生感到很有兴趣，此时再给学生奖励不仅显得多此一举，还有可能适得其反。一味奖励会使学生把奖励看成学习的目的，导致学习目标的转移，而只专注于当前的名次和奖赏物。

白困惑：那就是说，在某些情况下，人们在外在报酬和内在报酬兼得的时候，不但不会增强工作动机，反而会减低工作动机。此时，动机强度会变成两者之差。这里我想问的就是，这能说明什么呢，老师？

辰经纶：小白这个问题问得很好、很到位，我也正想和大家解释这个现象。有一句古语说得好，“因利而聚必因利而散”。在一些情况下，外在动力会破坏内在动力的激发。外在动力和内在动力有一定的主次关系，在面对不同的激励目标时，需要考虑外在动力和内在动力的强弱对比。当组织成员内在动力不足时，合理的外在激励可以为其提供一个清晰明确的目标，促使成员的个人目标和组织目标趋于一致，在成员目标达成、利益实现的基础上实现组织利益。此时的外在奖励是必要和有效的。如果组织成员已经具备较强的内在动力，则应慎用外在激励手段，不应再投入过多的外在激励，因为奖励并不总是能达到预期的效果。在应急管理中，常见的奖励失效的例子就是“争功效应”的存在。由于外在激励的强势介入，使得应急救援人员的内在动力弱化。

周机灵：关于这个，我倒听说过一个非常有趣的寓言故事。故事讲，一群孩子在一位老人家门前嬉闹，叫声连天。几天过去，老人难以忍受。于是，他出来给了每个孩子 25 美分，对他们说，“你们让这儿变得很热闹，我觉得自己年轻了不少，这点钱表示谢意”。

孩子们很高兴，第二天仍然来了，一如既往地嬉闹。老人再出来，给了每个孩子 15 美分。他解释说，自己没有收入，只能少给一些。15 美分也还可以吧，孩子仍然兴高采烈地走了。

第三天，老人只给了每个孩子 5 美分。孩子们勃然大怒，“一天才 5 美分，知不知道我们多辛苦！”他们向老人发誓，他们再也不会为他玩了！

辰经纶：这则寓言虽简单，但却蕴含了这位老人的智慧。老人将孩子们的内部动机“为自己快乐而玩”变成了外部动机“为得到美分而玩”，而他操纵着美分这个外部因素，所以也操纵了孩子们的行为，从而实现了自己的目标。通常情况下，我们鼓励、激发人的内在动力，外在激励导致内在动力的削弱可以说是某种意义上的“失误”，是管理者不愿看见的。但这位老人却运用逆向思维，同样的路径却是基于不同的出发点。

大家齐声道：原来这样，明白了！

莫叹槛中花，莫笑笼中鹤：约束机制

辰经纶：这两天我看了一部电影，徐克导演的，叫作《智取威虎山》，大家有人看过吗，我觉得挺不错的。

白困惑：我看过，老师。

辰经纶：看过就谈谈，随便说说……

白困惑：这个电影取材于京剧样板戏《智取威虎山》，电影讲的是 1947 年冬，东北民主联军 203 小分队在首长少剑波的带领下，奉上级命令进入匪患猖獗的林海雪原保护百姓安全，并用智取拿下威虎山并剿灭土匪的过程。我认为这部电影将戏曲美学与影片调性融为一体，拥有着绝佳的动作设计并且还是 3D 的，非常具有观赏性。我在电影院看得非常过瘾。

辰经纶：小白是从剧情与动作设计和效果方面说的，有没有同学有不同的见解，从其他角度说一下，可以谈一谈土匪问题带给你们的思考。

……

辰经纶：看来大家只是把这部电影当作娱乐消遣的工具。其实里面有非常有趣的东西，我是说，土匪的管理机制。

《智取威虎山》这部电影讲的是解放东北后的剿匪故事，这里剿灭的都是无恶不作的土匪，但是大家肯定也知道，土匪也有好的，被人们称为“义匪”，“义匪”是什么呢？“义匪”就是指那些颇具正义色彩的侠盗，他们奉行“劫富济贫，替天行道”的信条。比如抗日战争时期也涌现出了一大批抗日土匪，虽然他们之前凶狠残暴，但一说到打鬼子，个个都满怀民族悲愤，抗日热情空前高涨，这些人也算得上是“义匪”。到底是什么能让这些散兵游勇倔强地支撑下来，甚至发展壮大呢，大家想过没有？

周机灵：每个土匪窝子都有大当家、二当家，再往下还有三当家、四当家分管各项事务，土匪与土匪之间也是有严格的等级制度和奖惩制度的。东北著名的以张白马为首的一伙马贼，因其组织内部制定了一套全面严谨、以“劫富济贫”为宗旨的土匪纪律，被称为名副其实的“义匪”，英国学者霍布斯鲍姆认为是“社会土匪”。

辰经纶：没错，这些制度都是对他们的约束。正是土匪内部的制约规则给他们以约束，他们才得以生存。

对于“义匪”来说，“义匪”两个字就是对他们行为的隐形约束。无规矩不成方圆，无制度则无国，失去钢轨的列车，不但无缘于自由，反而会导致脱轨的灾难。这就是我们今天要讲的约束问题。任何一种组织要持久地存在并进行活动，都须遵循一定的规则，受一定的约束，不可能是绝对自由、绝对无约束。

白困惑：其实在我的认知里，约束是偏“贬义”的，是不利于工作效率的。

辰经纶：约束的“利弊”是基于“度”的。在管理机制中，管理者设置约束的目的不是为了限制参与者的自由，而是为了规范参与者的行为。作为参与者，我们要正视管理体系中存在的约束规制。

白困惑：那什么是约束规制呢？

辰经纶：以管理目标为导向，通过设计一系列规则对现有资源进行优化配置，以促使管理活动朝着期望方向发展，提高管理机制运行效率，这一系列规则就是“约束规制”，它是一种为了达到管理目标而主动设置出来的，同时也是作用积极正面的限制，它可以是一系列规则、限定，可以具体体现为资源的重新布局，时间空间上的某种特殊规定，人际关系的适当调整，事务流程的合理转换，或者对于参与者行为上的某种导引等。

白困惑：刚才老师提到约束的“度”，就是说约束有强弱之分，那么强弱约束如何在管理机制中发挥作用？二者的作用又有什么差异呢？

辰经纶：你提的这个问题涉及约束的分类。按照约束的强度可以划分为你提到的强约束和弱约束。在管理活动中约束越强，其对客体起到的作用也就越大，约束越弱，其对客体起到的作用就越小。强约束一般在组织中起导向作用，而弱约束通常在组织中起辅助作用。强约束主要指法律法制、规章制度这一类，它们一般是用一种客观的标准以约束参与者的行为，能够避免因个人思想的变化和利益需求而造成约束标准的变化。

周机灵：所以强约束是必须要遵守的。例如，一个人犯了罪就必须面临法律的审判并接受随后的惩罚。

辰经纶：是这样。强约束在管理中往往发挥双向作用，既可以在制度上给予客体支持和保障，同时又能通过相应的制度来制约和约束可能出现的不利于正常管理活动的行为和举动。

至于弱约束，常见的包括社会监督、公民监督、媒体监督等，这是大家比较熟悉的。既然说到这儿，我们可以讨论一下约束的类型，从不同的角度，大家可以各抒己见。

白困惑：自我约束与他人约束，无形约束与有型约束。自我约束如同内在动力一般。古语云，“君子慎独”。这个约束的力量来自哪里呢，可能就是来自于自身的道德修养，因为有道德良知的存在，就会有一种无形的力量制约着人的言行，这就是一种自我约束与无形约束。至于无形约束与他人约束，就更好说了。现在公路上汽车那么多，如果没有交通规则的约束，早就乱套了，因此需要有一套严格的交通规则来约束道路上人们的行为，这个约束就是他人约束与有形约束。再举一个比较通俗易懂的例子，我们常常在公园里看到诸如

“芳草萋萋，踏之何忍”这样宣传保护绿植的标示，一行字确实可以起到明显的提示作用，可是真正约束人们行为的是其内在的道德感。看起来是有形约束在发挥作用，实际上是无形约束在起作用。

辰经纶：小白说得太好了，这段时间你有很大的进步！针对有形约束与无形约束我再补充一个例子，2004 年的印度尼西亚大地震，引发了巨大海啸，死亡 20 万人，东南亚损失惨重。2008 年中国四川汶川发生里氏 8.0 级特大地震，死伤失踪近 10 万人。家的坍塌只是受难者一时的伤痛，亲人的逝去却是永久的伤疤，对心灵上无形的伤害比外在的损失更沉重。对于类似突发事件的应急终止标志一般从灾害本身、资源配置、公众反应这三个方面来选定，其中灾害本身和资源配置属于有形约束，公众反应是一种无形的约束，随着公众恐慌程度的增高，代表公众的反应越来越不乐观，以致不能终止应急状态。公众恐慌程度可通过基于 Web 的联机分析挖掘来进行实时监控和度量。而“一朝被蛇咬，十年怕井绳”也是这个道理。这两个类型都是大家知道的，最浅显易懂的，但是仅有这两个类型还远远不够，还有没有其他约束规制的类型？

周机灵：老师，我认为按照约束的形成方式，约束规制还应分为直接约束和间接约束，直接约束是指主体与客体之间具备直接的因果关系，二者相互作用实现管理目标，灾后救援物资的发放就是一种典型的直接因果关系，在约束规制上体现的是资源的扩充。间接约束是当主体与客体之间不具备直接因果关系时所产生的一种约束。我举个例子，大家就明白了。在 2014 年 11 月的 APEC 会议期间，为减少北京地区客流量，其他若干省份采取旅游门票免费的相应策略，而不是国家政府直接严令禁止外来旅游者不得进入北京地区，其他省份旅游门票免费相对于此事件来说就是间接约束，北京地区直接严令禁止外来旅游者进京就是一个直接约束。显然，明令禁止的策略力度要强于外省门票免费的策略力度，所以一般来说直接约束的效果要强于间接约束的效果。

白困惑：可是我们说了这么多约束类型。那管理者应该如何设计约束机制呢？强约束合适还是弱约束合适？

辰经纶：这个问题从我们身边的问题出发便可寻找到一些眉目。就比如说，小白你吧，最近因为找工作很煎熬吧？

白困惑：可不是嘛，这马上就要毕业了，我也不打算读博，天天在各种找工作网站投简历啊投简历，可惜好多简历都石沉大海，没人联系我。我总是觉得这些好公司的招聘人数太少啦，一般公司的招聘人数多是多，但是我又不愿意去，只想去好些的大公司，但是他们的招聘人数简直少得令人发指，往往像国考一样，一个小小的职位成百上千个人去抢，竞争压力好大啊！

辰经纶：慢慢来，你还需要好好提升自己，提高你自己写简历和投简历的水平，等你自身水平提升了，自然会有好企业要你。还有，就你刚刚说的那个，肯定是越好的企业越多人应聘，竞争压力越大，职位相对于那些一般企业来说少很多，这是很正常的啊，好的东西总是稀缺的。对于企业来说，人力资源的扩充对于企业的发展很重要，但是我们也会清楚地看到招聘人数的限制，如果一味地招聘，只会造成组织结构臃肿，降低企业管理效率，同时还浪费人力资源，平添企业管理成本。

白困惑：嗯嗯，这个我明白了，这就是一种约束机制，过多的资源量虽然能够满足需求，但会造成资源闲置和浪费，同时会增加管理成本，不利于管理效益的最优化。

辰经纶：小白还是很聪明的，一点就通，但是你知道不知道，还有一种约束是需要通过增加紧缺资源量来达到约束目标的。

白困惑：这个？我需要想一想……

周机灵：嗯，我想到了地震，灾区对物资的需求特别大，比如说军用帐篷、矿泉水、方便面、压缩饼，等等，对这些东西的需求度最高，在这种情况下就必须有针对性地最大限度地扩张资源，增加各类救灾物资的供给，避免地震及次生灾害带来更大的伤亡和损失。

辰经纶：很好，很好，这个例恰当，扩充资源的约束规制设计模式是指通过增加资源量来达到管理目标，当现有资源量距离管理目标的达成甚远时，不得不逐渐增加资源的数量，以最大的可能性趋近管理目标，甚至超过管理活动所需要的资源量，在扩充资源的时候要首先明确资源总量，然后再对资源进行合理的增加，避免造成不必要的浪费，但在面对一些极端情况如地震灾害时，只能通过无限度地供应，扩大某些必需型资源，才能达到管理目标。

白困惑：嗯嗯，跟老师您聊天真有趣，在说笑中就能解决我心中的疑惑，也开阔了我的视野。

周机灵：那除了扩充资源，与之对应的是不是还可以通过限制资源来实现约束规制呢？

辰经纶：能由此及彼，而且反应也很快。举个例子，比如在京东夺宝岛参加抢购，没几个人能抢到，他们就是有意制造一种稀缺，营造一种供不应求的状态，从而提高关注度，这就是通过资源限制的方式来实现约束规制。

冯热闹：老师这么一说我想起了一个知名手机厂商——小米公司。小米公司一开始的口号是“为发烧而生”，它们的产品是低价高配的代表，给手机硬件发烧友提供了良好的体验，但是随着小米手机的发展壮大，它们的战略逐渐发生了变化，开始搞起了“饥饿营销”，就是在市场中营造一种小米手机供不应求的错觉，烘托出小米手机的优异品质与市场热度。这一行为被众多网友戏称为“耍猴行为”，网友们总是抢不到小米手机，总是眼巴巴地看着手机却买不到，对小米公司的形象有所影响。

辰经纶：小冯说得对，小米的“饥饿营销”就是这样一种典型的双向约束规制设计模式，每次产品发布销售时，只提供给消费者一定量的产品，并且小米的粉丝必须在其官网注册才能在指定时间内拥有抢购权，营造出一种供不应求的状态，从而高效地实现管理目标。与之相类似的也有很多例子，比如说，一家公司老板为了激励员工按时上班，有时会采取这样一种方式——将停车位的数目减少到低于员工车辆的数目，员工为了方便停车，只能赶在别人前面到达公司，从而减少迟到率。

周机灵：对，还有超市节假日促销的时候，商家会在部分促销商品旁标注诸如“每人仅限一件”的小字标示，顾客只能在购买权限里行使消费权，商家在保证销售量的同时也合理地控制了销售成本，这想来也是一种限制资源的手段。

辰经纶：双向约束规制设计模式不仅充分有效地利用了有限的资源，还通过设置一定的权限来约束诸如员工、顾客等参与者的行为，是十分有效的。因此，这种模式在各行各业应用都非常广泛。除了扩充资源和限制资源，关于资源还能不能想到别的方式？

周机灵：哦，还有资源共享。例如，我每天骑共享单车来上班，虽说这大热天的，骑一小会儿就出一身汗。但不得不说现在共享单车挺多的，随处可见，出门走几步就能找到车，可以说大大方便了我们这些无车群众啊，哈哈。

白困惑：是啊，现在流行共享经济，什么东西都可以共享，共享单车、共享电动车，最近还出现了共享汽车，最有意思的是出现了一个新名词叫作“共享睡眠”，你们知道什么叫共享睡眠吗？

冯热闹：啊？共享睡眠难道是人人都能睡不成？

白困惑：哈哈，你还真是说对了，共享睡眠就是大家一起来睡觉。共享睡眠出现于北京、上海的一些写字楼里，被称为“享睡”，“享睡”的空间一般由几个各自独立的太空舱组成，通过扫码可打开舱门，先睡后付钱。目前，北京中关村一个“享睡”空间的价格为——高峰期 10 元/半小时，非高峰期 6 元/小时，788 元包月，每个睡眠舱大约长 2 米，宽 1 米，舱内会摆放一次性毯子、枕巾等东西，全程可以自助，互不干扰，也有 Wi - Fi、充电插座和一个小风扇。就我了解，“享睡”已经在北京开了 16 家店，在上海也已开了 3 家、成都 1 家，而这个过程仅仅花了 2 个多月的时间。我看过“享睡”小隔间的照片，就是一个个的太空舱，觉得我有密闭空间恐惧症，躺进去就像躺进棺材一样，非常恐怖。

辰经纶：哈哈，小白你的描述准确，听了你的话我已经能够想像出“享睡”的小隔间是什么样子了。共享经济现在是非常流行的概念，我在商场里见过叫“唱吧”的 KTV。不过和传统的 KTV 不一样，共享 KTV 形似电话亭，面积不足 2 平方米，一面是屏幕，三面是玻璃。

一个机器只能容纳两个人，进去以后就可以点歌了。这种 KTV 一般出现在商场、火车站、电影院和购物中心，它很好地利用了碎片化市场——逛街逛累了、电影开场之前、吃饭等位置的时候，就可以进去过一把瘾，不会被切歌，不会被抢麦，不用担心被说唱得难听。我还进去唱过一次呐，因为空间小，体积小，音质还相当不错。

周机灵：我还用过“共享雨伞”，当时我从地铁站出来，刚刚出站发现外面下雨了，我正在郁闷怎么回学校的时候，一抬头，发现了墙上的广告：“共享雨伞，你值得拥有”，我马上返回地铁站，免押金借到了“魔力伞”，质感还是很不错的，伞骨也很结实，上面有很多磨损，看得出来，这把伞被很多人借过，我觉得“共享雨伞”这个东西还是很靠谱的。

辰经纶：由于共享经济的普及，给咱们的生活带来了极大的便利，大大节约了社会资源。其实共享经济就是共享资源的一种方式，是现代信息社会充分利用资源的有效方式。在一个管理系统中，当采用扩充资源或限制资源的模式都不能实现机制目标，或者要付出过高的成本才能达成目标时，就可以考虑资源共享模式，将双方或者多方的资源进行有效整合，实现共赢。

我理想中的资源共享就是这样的，我给大家举个例子，大家都坐过飞机，咱们都知道国内的航空公司一直都是营销与运营结合在一起，这样有好处也有弊端，好处就是统一规划，便于管理，但弊端也很明显，就是很容易浪费资源，做无用功。在美国的航空旅游业中存在一种行为叫作代码共享，这是20世纪70年代在美国市场诞生并盛行的一种运营策略。它是指由一家航空公司营销，而由另一家航空公司进行运营的航班模式。这种无缝衔接的方式在保证成本的前提下有效地整合并优化了航空公司的资源，一体化的转机服务使得两家公司与顾客达到了三方共赢。另外在一些机场，达成战略合作的两个航空公司更注重乘客的体验，实现了运送旅客和行李的设备共享，极大地提高了乘客的满意度。像这种资源共享的行为就大大提高了资源的利用率。所以在日常活动中，合理的资源调度是提高机制效率的前提。当发生不可预见的自然灾害或者其他事故灾难时，考虑到资源的限制、费用和应急的成本，不能无限制给应急中心和应急点配置资源，应急管理人员需要对应急资源进行优化配置与合理调度，制定应急资源的调度方案，保证应急资源尽可能地在第一时间抵达灾区，使有限的应急资源充分发挥其作用，进而提高应急效果。

——约束机制设计模式：改变资源配置

辰经纶：当然了，约束机制设计模式不只包括改变资源配置，还有多种模式。

白困惑：老师，我前两天看到一则非常有意思的新闻，这则新闻让我想到了您教我们的约束机制。

冯热闹：小白同学都能够触类旁通啦，那就快说说呗。

白困惑：某电视台的社会频道上播出了这么一则新闻，讲的是西班牙的大城市巴塞罗那有很多流浪汉，这些流浪汉白天在街上乞讨流浪，到了晚上就到各个立交桥的桥墩下面睡觉，数量多到什么程度呢，你站在桥下远远望去，黑压压的一片全部都是流浪汉，特别吓人，非常影响市容与治安，所以市政府就想尽办法将流浪汉遣返回家。市政府尝试使用怀柔政策，比如说给流浪汉发补贴，督促其回家，效果甚微；后来尝试使用暴力手段，使用军警在夜晚驱赶流浪汉，不让其在桥墩下睡觉，但是成本太大而且警力不足，始终不是长久之策。流浪汉们软硬不吃，依旧我行我素地睡在大桥下，这可是愁坏了市政府的工作人员。终于有一天，一个非常实用的办法被提了出来：在流浪汉睡觉的桥墩下设置障碍物，使流浪汉无法容身于此。很快，障碍物被覆盖到全市范围内的桥墩下，占据了流浪汉睡觉所需的所有空间，这个方法效果非常显著，从此桥墩下再也没有流浪汉睡觉了。

辰经纶：对，这个例子非常典型，这就是空间约束机制嘛，通过改变空间的形状来起到约束客体的作用，与之类似的例子还有很多，比如说肯德基、麦当劳等快餐店，他们设置的椅子都是硬的，为什么不设置成软的呢？理由也很明确，因为它们是快餐，是要求你快速地解决吃饭问题然后走人，他们好继续招待下一波客户，如果椅子变成软的、舒服的，说不定客人吃完饭就开始坐着聊聊天，吹吹牛，使得店家无法快速地为下一波客户进行服务了。同样的道理，如果一家高档西餐牛排店把椅子设置成硬的，那么它的生意绝对好不到哪里去。

周机灵：那我们之前讨论的葡萄牙的公共厕所的例子也是如此吧。马桶没有坐垫，如厕的人只能以蹲马步的姿势上厕所，这个姿势是如此累以至于他们都可以自觉地加快排便速度从而缩短如厕时间，增加公共厕所单位时间的接待量。

辰经纶：这个例子就是通过改变空间的内部结构来达到对客体约束的典型例证。两个例子，一个是通过改空间的形状来约束客体，一个是通过改变空间的内部结构来约束客体，这些都是我们管理机制设计理论的内容。除此之外，还有改变空间大小、空间位置、改变空间状态以及改变空间的功能来约束客体等四个内容，这些都是调配空间布局的内容，大家每人想一个例子来说明一下这些理论。小周你先说一个吧。

周机灵：我想到一个很简单的例子。我之前去天安门广场看升旗仪式的时候注意到，围观者都是站在警戒线之外的，与升旗地点有一定距离，我觉得这就是通过改变空间大小达到约束围观者的一个小例子。

辰经纶：哈哈，周机灵啊周机灵，你还真是挺机灵，挺善于从细节之中发现问题的，好！不错。

白困惑：我说一个空间位置改变的。我之前做志愿者时就会专门负责一个区域的志愿者工作，这个区域往往是比较小的，不会太大，太大了就会忙不过来，也不科学，全城的志愿者会分散在全城的各个区位，使得服务工作全面高效地进行，我想这就是通过改变空间位置来对客体进行约束。哈哈，老师我能不能再说一个啊，我又想到一个。

冯热闹：小白，你今天倒是一点也不困惑，还滔滔不绝了。

辰经纶：OK，你继续说下去。

白困惑：我想到一个空间状态改变的例子，就是设个“潮汐车道”作为可变车道，是城市快速公路上根据早晚交通流量的不同情况，对有条件的道路，开辟某一车道，不同时段行驶方向可以变化。比如说，通过车道灯的指示方向变化，控制主干道车道行驶方向，来调整车道数。左转车道很拥堵，但直行车道却车少畅通；交警轻点遥控器，不到一分钟，直行车道就变为左转车道，左转车龙就“消化”了，车道可随车流量随时变化。这就是典型的改变空间状态的例子。

辰经纶：大家举的例子都非常到位。在空间方面，除了上述这几种类型，还包括空间功能、用途的改变，比如在地震发生时，建于高处的体育场馆经常会被当成临时的灾民安置点用于安置大量灾民。我再多说一点，空间是与时间相对的一种物质客观存在形式，宇宙空间、网络空间、思想空间、数字空间、物理空间等都属于空间的范畴。空间的合理布局不仅能够增加视觉美感，还能提高管理效果。

——约束机制设计模式：调配空间布局

周机灵：最近我心血来潮，看了几集《空中浩劫》，一部关于飞机失事的纪录片，记录了人类航空史上几乎所有的空难，对每一起空难都有详细的分析与说明，搞得我心里酸酸的，有些许郁闷了，我发现几乎80%的飞机失事都是由飞行员或者副驾驶操作失误造成的，他们往往自认为驾驶技术很好，不严格按照安全手册进行操作，总是缺少那么几步，但往往就是这几步导致了致命的空难发生。

白困惑：嗯嗯，我也看过这个系列，它给我的印象非常深刻，感叹于空难猛如虎的同时，我也意识到了严格遵循操作流程操作的重要性。

辰经纶：是啊，流程，就是让工作按照一定的方向有规律有节奏地进行。它的产生是人类历史上特别是工业史上的一大创举。因为流程的产生，使得工作效率大为提高，特别是对生产性的企业而言，流程必不可缺。那么，通过对流程的再设计也是实现约束机制的模式之一。

白困惑：流程？怎么再设计呢？

辰经纶：流程的设计包括三种模式：增加流程、简化流程和调整流程。

白困惑：老师，您可以举几个例子吗？

辰经纶：我先讲一个关于增加流程的小例子帮助你们理解，看看有没有同学能顺着这个思路继续举其他例子。通过增加流程来进行约束，就是说当现有流程不能有效地约束参与者的行为时，可将流程合理复杂化。我认为最恰当的例子就是为了保证北京天安门广场区域的秩序和安全，在各个关口要道设立安检，对行人的包内物品进行严格检查，包括火车和高铁进站前的安检都是同样的目的，这就是通过增加流程来约束客体。还有运动会，每场比赛都有裁判进行打分，就拿体操项目来说，第一个出场的选手往往是吃亏的，因为即使有详细的评分细则，作为人的裁判也会因为没有前后对比而对第一个出场选手的打分有失偏颇，遇到这种情况怎么办？为了使第一个出场者的利益和比赛的公平性得到更好的保障，可以在比赛流程中增加一个环节，让裁判对于一号选手有二次出场打分的机会，然后将两次得分的加权平均和作为该选手的最终成绩。这样就能很好地解决公平性的问题。

周机灵：老师真的是才识渊博，各种小例子信手拈来，我真的好崇拜你啊。

辰经纶：呵呵，这个马屁我先收下，你们多长长阅历，多看看书，多经经事就好了。小周你来举一个例子吧！

周机灵：呃……我想想哈。之前读过的一本书，叫作《自由主义之前的自由》，是英国剑桥大学历史系教授昆廷·斯金纳写的，他在书里讲到过一个故事，这个故事在经济学中是非常著名。两个姑娘分馅饼，怎样分配才最公平？在考虑了诸多办法之后确定了一个最佳选择，就是让一位姑娘切馅饼，另外一位姑娘先来选择切开的馅饼。也就是采取一种“你来切，我来选，或者我来切，你来选”的方案。我认为这样一种流程的确定是非常明智和公平的，这也说明一个有效的机制应当是具有激励功能的机制。只有这样的机制才能够约束规制的制定者，才能够使得两方都能得到公平。

辰经纶：中国叫“和尚分粥”。在这本书中，斯金纳通过研究17世纪英国思想家们对“自由”的论述，阐释了“自由”的含义，这种理解完全不同于伯林所提出的自由的概念，因而成为当前学术界最新和最具影响力的观点，并被学术界广为引用。这么偏门的书周同学你竟然都读过，这正是我所期望的，也是我所惊讶的，希望你再接再厉。

周机灵：谢谢老师夸奖，我会继续努力的。

白困惑：我也要说一个！地震的时候当地几乎所有的救援机构都陷入了瘫痪，自我救援和应急机制无法启动，因为很多设备、系统甚至人员都已经损失殆尽，那该怎么办？总不能死守着原来的一套流程吧，这时候就需要简化流程。

冯热闹：这简单啊。外部救援队从外部进入，在统一指挥下进行救援，所有的救援物资也基本来自于外部，这就是一个简化流程的过程，所有手续一切从简，只为抢那“黄金72小时”。

白困惑：还有当境外发生大灾难时，我国如需向境外派出救援队，则出境流程应一切开绿灯，此时就该抛弃复杂的流程，做到一切从简。

辰经纶：我补充并总结一下，当现有流程会明显增加参与者的成本时，在不影响管理目标实现的同时可以适当简化流程。比如说现在中央政府一直提倡精兵简政、努力缩减并合并政府机构，就是为了提高效率而进行的流程简化。在应急管理中通常也选择简化流程，因为突发事件发生时，时间因素显得特别重要，争分夺秒可能就多了一线生机，比如说突发事件发生时，各种资金如果不到位，就需要大量贷款，此时的贷款最需要的是速度，如果还是像平日里贷款一样走许多复杂流程，耗时好几个月才能办下来，是万万不行的，因此，就需要简化贷款流程。

周机灵：真是，现在凡是服务都非常注重客户体验。为了提升客户体验和满意度，服务提供商总是绞尽脑汁简化服务流程。

辰经纶：岂止服务商啊，杭州市政府也开始让市民办事“只跑一次”了。

——约束机制设计模式：更改事务流程

辰经纶：关于约束机制的设计模式，我们就先讨论到这儿。

大家齐声道：好的，老师。